A dignidade humana
e o "princípio liberdade" na
cultura constitucional europeia

0609

Conselho Editorial
André Luís Callegari
Carlos Alberto Alvaro de Oliveira
Carlos Alberto Molinaro
Daniel Francisco Mitidiero
Darci Guimarães Ribeiro
Draiton Gonzaga de Souza
Elaine Harzheim Macedo
Eugênio Facchini Neto
Giovani Agostini Saavedra
Ingo Wolfgang Sarlet
Jose Luis Bolzan de Morais
José Maria Rosa Tesheiner
Leandro Paulsen
Lenio Luiz Streck
Paulo Antônio Caliendo Velloso da Silveira

R547d   Ridola, Paolo.

A dignidade humana e o "princípio liberdade" na cultura constitucional europeia / Paolo Ridola; coordenação e revisão técnica Ingo Wolfgang Sarlet; tradução Carlos Luiz Strapazzon, Tula Wesendonck. – Porto Alegre: Livraria do Advogado Editora, 2014.

116 p. ; 21 cm.

Inclui bibliografia.

ISBN 978-85-7348-893-7

1. Dignidade (Direito) - Europa. 2. Direito constitucional - Europa. 3. Direitos fundamentais. 4. Liberdade. 5. Liberalismo jurídico. 6. Jurisprudência. I. Sarlet, Ingo Wolfgang. II. Strapazzon, Carlos Luiz. III. Wesendonck, Tula. IV. Título.

CDU 342.7(4)
CDD 342.4085

Índice para catálogo sistemático:
1. Dignidade: Direito: Europa   342.7(4)

(Bibliotecária responsável: Sabrina Leal Araujo – CRB 10/1507)

Paolo Ridola

A dignidade humana
e o "princípio liberdade" na
cultura constitucional europeia

Coordenação e revisão técnica
Ingo Wolfgang Sarlet

Tradução
Carlos Luiz Strapazzon
Tula Wesendonck

Porto Alegre, 2014

© Paolo Ridola, 2014

Capa, projeto gráfico e diagramação
Livraria do Advogado Editora

Coordenação e revisão técnica
Ingo Wolfgang Sarlet

Tradução
Carlos Luiz Strapazzon
Tula Wesendonck

Gravura da capa
Stock.xchng

Direitos desta edição reservados por
Livraria do Advogado Editora Ltda.
Rua Riachuelo, 1300
90010-273 Porto Alegre RS
Fone/fax: 0800-51-7522
editora@livrariadoadvogado.com.br
www.doadvogado.com.br

Impresso no Brasil / Printed in Brazil

Ich höre, Sire, wie klein,
Wie niedrig Sie von Menschenwürde denken,
Selbst in des freien Mannes Sprache nur
Den Kunstgriff eines Schmeichlers sehen, und
Mir deucht, ich weiß, wer Sie dazu berechtigt.
Die Menschen zwangen Sie dazu: d i e haben
Freiwillig ihres Adels sich begeben,
Freiwilling sich auf diese niedre Stufe
Herabgestellt.
Wie können Sie in dieser traurigen
Verstümmlung-Menschen ehren?

Eu percebo, Sir, quão pouco
estimais a dignidade humana:
Mesmo no discurso de um homem livre
vedes apenas o expediente de um bajulador.
Eu suponho saber o que significa essa atitude.
O comportamento dos homens vos induziu a isso:
Deliberadamente eles têm degradado a própria dignidade e
Descido a níveis cada vez mais baixos.
Como poderíeis respeitar
Homens assim, tristemente mutilados?
F. *Schiller*, Dom Carlos, III/10

Notas sobre a tradução

1. Versão original. Este livro constitui a reelaboração de três lições, proferidas pelo Prof. Dr. Paolo Ridola em 2007, na Faculdade de Giurisprudenza da Universidade de Camerino (no quadro das "Lições magistrais Emilio Betti" promovidas por aquele Ateneu); na Faculdade de Ciências Políticas da Universidade de Siena; e no Doutorado de pesquisa em Direito Constitucional da Universidade de Roma La Sapienza. Alguns dos temas discutidos aqui também fazem parte do capítulo no Curso de Direito Constitucional avançado realizado no ano acadêmico 2009-2010 na Faculdade di Giurisprudenza Luiss "G. Carli". A versão original deste texto, em italiano, foi publicada em: Ridola, Paolo. *Diritto Comparato e Diritto Costituzionale Europeo*. G. Giappichelli Editore, Torino, 2010. Cap. IV, p. 77-138.

2. *Dignità dell'uomo*. O Prof. Paolo Ridola utiliza intensamente a expressão dignidade *do homem* na versão em italiano. Além disso, muitas vezes ele se refere *à especial condição de homem*. Tanto no primeiro, quanto no segundo caso, em nenhum momento pareceu que autor desejou se referir ao gênero masculino, mas sempre ao *ser humano*. Por isso, traduzimos *dignidade do homem* para *dignidade humana*; *condição especial de homem*, para *condição especial de ser humano*.

3. *Intangibilità della dignità umana*. O termo *intangibilidade* da dignidade humana é intensamente utilizado pelo Prof. Paolo Ridola na versão em italiano, sobretudo para discutir as concepções teóricas que atribuem natureza *absoluta* à dignidade humana. Na maioria das vezes o autor utiliza o Art. 1.1. da Constituição da Alemanha para exemplificar seus argumentos, onde se lê: "*Die Würde des Menschen ist unantastbar*" (ver parte 4). Na versão em espanhol da Constituição da Alemanha (*Grundgesetz*), elaborada pelo Parlamento da Alemanha (*Deutscher Bundestag*), lê-se, no Art. 1.1, o seguinte: "La dignidad humana es *intangible*". Já na versão oficial em inglês da *Basic Law*, também elaborada pelo Parlamento da Alemanha (*Deutscher Bundestag*), lê-se a seguinte tradução: "Human dignity shall be *inviolable*". Na tradução oficial, para o inglês, dos casos julgados pelo Tribunal Constitucional Federal da Alemanha, referidos pelo Prof. Ridola neste artigo, encontram-se passagens como estas: 2. *The inviolability of human dignity under Art. 1(1) of the Constitution entails the absolute protection of the central core of the individual's private life (...)*. (Caso da Grande Operação de Escuta, Bundesverfassungsgericht First Senate 1 BvR 2378/98; 1 BvR 1084/99); Ou ainda: *a) Article 1.1 of the Basic Law declares human dignity to be **inviolable** and obliges all state authority to respect and protect it (see BVerfGE 1, 97 (104); 115, 118 (152))*. (Caso Hartz IV, BVerfG, 1 BvL 1/09 vom 9.2.2010, Absatz-Nr. (1 – 220). Por causa da tradução oficial para o inglês, não só do texto da Constituição, como também da jurisprudência do Tribunal Constitucional Federal da Alemanha, que optou pelos termos *inviolable* e *inviolability*, e não pelos termos *intagible* ou *intangibility*; e, também porque no vocabulário do texto constitucional brasileiro os termos *direito inviolável* e *inviolabilidade* de direitos são os oficialmente adotados, optamos por traduzir as palavras *intangibile* e *intangibilità* para *inviolável* e *inviolabilidade* toda vez que esses termos aparecem, na versão em italiano, como adjetivo da dignidade.

4. *Outras línguas*. Todas as palavras escritas em italiano, alemão, inglês e francês foram traduzidas, exceto os títulos de livros e artigos que aparecem em notas de rodapé. Expressões em *latim*, no entanto, foram mantidas. As palavras e frases escritas nessas línguas foram mantidas no texto principal, logo após a versão traduzida, porém, entre colchetes – [...].

    5. *Estilo.* Tomamos especial cuidado em manter, ao máximo, o estilo de escrita do autor. Por isso, mantivemos os longos parágrafos, muitos deles com até 2 páginas. Isso exigiu, no entanto, um esforço especial de inversão de frases e de pontuação. É que nos longos parágrafos do texto original muitas ideias gerais recebem argumentos exemplificativos ou explicativos intercalados. Por isso o uso da vírgula, que é a preferência do autor, foi, muitas vezes, complementado com o uso do ponto-e-vírgula (;) e com o uso de travessões (–).

Sumário

Apresentação – *Ingo Wolfgang Sarlet*..13

1. A dignidade humana na tradição ocidental: entre liberdade e universalismo...17

2. De volta às origens: *dignitas* romana e *imago Dei* cristã. A dimensão social da dignidade humana e a "imagem do ser humano"..23

3. Os desafios da modernidade e da secularização: a relação entre dignidade e liberdade..31

4. "A dignidade humana é inviolável" [*Die Würde des Menschen ist unantastbar*]: do liberalismo jurídico ao constitucionalismo do século XX. A resposta ao "mal absoluto" dos totalitarismos....45

5. A dignidade humana como valor inviolável e a liberdade de autodeterminação. O debate constitucional na Alemanha..........57

6. A relação com os direitos fundamentais. A inviolabilidade da dignidade humana à prova das ponderações e do *balancing test*.67

7. A dignidade humana no "direito constitucional europeu": algumas passagens jurisprudenciais.......................................89

8. O direito de sermos nós mesmos...107

Apresentação

É com subida honra e entusiasmo que recebo a oportunidade de apresentar ao público brasileiro e de língua portuguesa em geral o presente texto do Professor Doutor PAOLO RIDOLA, que atualmente pontifica na Cátedra de Direito Público Italiano e Comparado na Faculdade de Jurisprudência da Universidade *La Sapienza*, Roma. Detentor de um vastíssimo e impressionante currículo, após ter lecionado em diversas Instituições de Ensino Superior da Itália (Perugia, Roma, Teramo, Tor Vergata), ocupou também as Cátedras de Direito Parlamentar e de Direito Constitucional Italiano na Faculdade de Ciência Política da Universidade *La Sapienza*, tendo atuado na coordenação do Doutorado em Direito, além de atuar como palestrante, professor e pesquisador visitante em diversos e renomados Institutos e Instituições na Itália Europa e (Alemanha, Áustria, Espanha, França, Portugal, Suíça, entre outros) e no Brasil, onde já participou de diversos eventos, além de publicar artigos e capítulos de livros, mantendo com o Brasil laços de amizade e parceria científica. A sua lista de publicações é extensa e abarca desde estudos seminais sobre direito parlamentar, democracia, representação política, passando por temas de história do direito, direito público comparado, estrutura e organização constitucional do Estado, regionalismo e subsidiariedade, até obras sobre direitos fundamentais e dignidade da pessoa humana, publicadas em italiano, alemão, espanhol, inglês e português, com vários trabalhos já traduzidos para outras línguas, inclusive o grego.

Um dos elos que nos une pessoalmente, além de uma série de interesses acadêmicos comuns, com destaque para a temática da dignidade humana e dos direitos fundamentais, mas que também representa um elemento de conexão com um conjunto significativo de professores e pesquisadores cultores do direito constitucional, é o vínculo pessoal e acadêmico com o Professor Peter Häberle, com quem também e especialmente PAOLO RIDOLA mantém particular e intensa amizade, e que resultou numa verdadeira comunidade de amigos, alunos e interlocutores, integrada, entre outros, por José Joaquim Gomes Canotilho (Coimbra), Vasco Pereira da Silva (Lisboa), Francisco Ballaguer (Granada), Gilmar Mendes (Brasil), Jörg Luther (Itália), Marcus Kotzur (Hamburgo), Lothar Michael (Düsseldorf).

Sobre a obra que ora se publica em língua portuguesa, versando sobre o sempre atual e desafiante tema da dignidade e liberdade humanas, igualmente convém tecer algumas considerações, visto que se fossemos seguir falando do currículo e pessoa do autor, seriam necessários também verdadeiros rios de tinta. O texto no original em italiano (*La DIgnità Delluomo e il "pincipio libertà" nella cultura costituzionale europea*) foi inicialmente publicado como capítulo da obra *Diritto Comparato e Diritto Costituzionale Europeo*, publicado pela prestigiada editora G. Giappichelli Editore, Torino, 2010, tendo sido traduzido pelo Professor Doutor Carlos Luiz Strapazzon (PPGD da UNOESC) e pela Professora e Mestre Tula Wesendonck (Professora, entre outras IES, da PUCRS), registrando-se aqui os necessários e merecidos agradecimentos a ambos. Especialmente, contudo, agradecemos ao próprio autor, Paolo Ridola, pelo fato de ter reagido de modo positivo e entusiasmado à provocação de publicar o texto forma monográfica no Brasil, bem como à Livraria do Advogado Editora pela receptividade e pronto encaminhamento.

A temática versada, embora não seja nova, segue mantendo sua atualidade e extrema relevância, seja para o constitucionalismo, seja para o direito internacional dos direitos humanos, mas acima de tudo para a manutenção e fortalecimento de comunidades democráticas, pluralistas e inclusivas. Aliás, não é à toa que Peter Häberle fala na dignidade como sendo a própria premissa antropológica do Estado Constitucional e na democracia como garantia política da dignidade e do pluralismo. Dignidade e Liberdade são valores, princípios e direitos essencialmente vinculados, que embora não exclusivos da tradição ocidental, nela receberam os seus primeiros e principais contornos, se desenvolveram, frutificaram e mesmo reconstruíram ao longo do tempo, consoante PAOLO RIDOLA bem demonstra no seu texto, arrancando das vertentes romanas e cristãs, passando pelo humanismo renascentista, pela idade moderna e pelo processo de gradativa secularização que desembocou no liberalismo político e no constitucionalismo moderno. Na sequência dedica-se o autor a explorar a compreensão paradigmática da dignidade humana na Lei Fundamental da Alemanha e na tradição que se inaugurou com o Segundo Pós-Guerra, inclusive por meio da Declaração da ONU de 1948, especialmente no que diz com a consagração do postulado de que o Estado existe para e em função dos seres humanos e não o contrário, para depois analisar as relações entre dignidade humana e os direitos fundamentais, especialmente os direitos de liberdade, bem como discutir o intrincado e sempre desafiante problema do caráter absoluto da dignidade e de sua eventual ponderação com outros valores, princípios e direitos fundamentais. Não deixou o autor, ainda, de contemplar, mediante uma criteriosa e feliz seleção de exemplos, como a dignidade e a liberdade tem sido compreendidas e aplicadas pelos órgãos judiciais europeus nacionais e supranacionais, imprimindo assim uma riqueza ímpar ao tema e tornando o ainda mais vivo e palpitante.

Tendo em conta que o intuito aqui não é o de escrever um ensaio preparatório e muito menos furtar o leitor do imediato e direto contato com a obra de PAOLO RIDOLA, mas sim, o de "abrir o apetite" e enfatizar o quanto, dada a universalidade do tema e do modo pelo qual foi produzido o texto, os leitores brasileiros e de língua portuguesa em geral apenas terão a ganhar com a sua leitura.

Porto Alegre, outubro de 2013.

Ingo Wolfgang Sarlet
Professor Titular da PUCRS

1. A dignidade humana na tradição ocidental: entre liberdade e universalismo

Na décima cena do terceiro ato da peça *Don Carlos*, Friedrich Schiller expõe um diálogo entre o Marquês de Posa e o Rei Felipe II que lança uma luz, realmente extraordinária, sobre o significado mais profundo da dignidade humana na cultura ocidental. Ao soberano, que solicitava o Marquês que relutava em desfrutar dos merecidos privilégios devidamente adquiridos (e a aspirar, portanto, ao "posto mais digno" de seu talento), Roderigo responde dizendo "não se sentir preparado para transformar em palavras de súdito aquilo que pensou como cidadão do mundo":

> Eu não posso ser um servo de príncipe. Não quero enganar o comprador, Sir. Se vos dignais a me empregar, é porque esperais de mim somente determinadas ações: quereis o meu braço e a minha coragem nas campanhas, a minha sabedoria no governo. Não as minhas ações em si, mas o louvor que está associado ao trono; esse deve ser o propósito que vos orienta. Para mim, ao invés..., para mim a virtude tem um valor autônomo. A felicidade que o monarca dispensaria por intermédio de minhas mãos, desejo criá-la eu mesmo, e nesse caso seria uma alegria e também uma escolha livre o que, ao contrário, deveria ser unicamente o meu dever. Vós sois desta mesma opinião? Poderíeis tolerar, na vossa criação, alguns criadores diversos de vós? E deveria eu reduzir-me a um formão quando poderia ser, eu mesmo, o escultor? Amo a humanidade, porém, em monarquias não me permito amar senão a mim mesmo.

E em resposta à oferta real para escolher a posição que melhor poderia satisfazer seus nobres ideais, em troca de lealdade ao soberano, o Marquês replica:

> A política da coroa tem criado algo mais: uma felicidade que a *coroa* pode ampliar como lhe convém, e também novos desejos que tais ampliações podem satisfazer. Na moeda real se pode cunhar a verdade, que é *aquela* que a coroa pode tolerar. Todas as demais impressões são eliminadas. Mas a mim me bastaria aquilo que é bom para a coroa? Poderia o meu amor fraterno prestar-se a roubar meu próprio irmão? Poderia eu crer que seríeis vós feliz antes que vos fosse permitido pensar? Não, Sir, não me escolha para difundir o bem que haveis cunhado para nós. Sou forçado a recusar a propagação de uma tal moeda. Não posso ser um servo de príncipe.

É nesse ponto que, preponderantemente, o tema da dignidade entra em cena no diálogo entre o soberano e Roderigo, já que para eles a dignidade humana é, realmente, inseparável da liberdade e da liberação do jogo da opressão e dos vícios associados à simulação e à adulação:

> É um pecado, porém – prossegue o Marquês – que, enquanto transformais o homem, de uma criatura de Deus em uma criação de vossas mãos, propondo-vos pois, qual Deus, esse indivíduo reformado, houvestes cometido um erro: permanecestes um homem, um homem criado por Deus. Como mortal *continuastes* a sofrer e a desejar. Tendes necessidade de simpatia ... mas a um deus apenas sacrifícios podem ser oferecidos; diante dele, ou estremecemos ou suplicamos. Que deplorável! Que desgraçado pervertimento da natureza!... Se degradastes os homens à condição de acordes de vosso instrumento, com quem desfrutareis da melodia?

A dignidade humana de súditos e soberanos é, então, feita de mesma substância; todos participam da mesma natureza, compartilham da mesma condição de homens livres:

> Quereis semear para a eternidade ou para a morte? Uma obra obtida com o uso da força não sobreviverá ao seu criador. Haveis edificado para a ingratidão, haveis combatido em vão a dura luta contra a natureza, haveis sacrificado em vão a grande vida de um Rei em projetos de destrui-

ção. O homem é muito mais do que haveis acreditado. Ele quebrará as amarras do longo entorpecimento e reclamará seus sagrados direitos.

E a defesa do Marquês termina, não por acaso, com um hino à liberdade, concebida como o mais precioso bem que está guardado no baú da natureza humana:

Restituí-nos, ó Sir, o que nos tirastes! Generoso como os fortes, derramai de vossa cornucópia a felicidade sobre os homens! Devolvei aquilo que nos tirastes! E sede um Rei dentre milhões de soberanos! Oh, se eu pudesse falar com a eloquência dos milhares e milhares de homens que participam nesta hora; se eu pudesse transformar em chama a luz que brilha nos olhos deles! Abdicai do culto artificial que nos humilha. Dai-nos, Sir, a liberdade de pensamento! Olhai em torno, observai a magnificência da natureza! Está assentada na liberdade e a liberdade a enriquece. O Criador lança o verme em uma gota d'água e permite que o livre-arbítrio se desenvolva até mesmo nos mortos domínios da podridão. Já a *vossa* criação, em comparação, como é miserável e mesquinha! O sussurro de uma folha aterroriza o senhor da cristandade: já, vós, sois forçados a estremecer diante da virtude. O *Criador* – para não perturbar a magnífica aparição da liberdade – tolera até que as horríveis milícias do mal se alastrem pelo cosmos – Ele, o artista, nem aparece; discreto, fecha-se em suas leis eternas e o ateu vê apenas *as suas* leis, não *Ele*. "Para que um deus?", pergunta-se então: "o mundo se basta a si mesmo". Não existe devota oração cristã que melhor celebre Deus do que essa blasfêmia do ateu.

E, mais uma vez, a recuperação da "nobreza perdida" do homem se identifica com a restituição de sua liberdade:

Vós podeis fazê-lo, Vós. E quem mais? Consagrai à felicidade do povo o poder que há muito tem nutrido apenas os interesses do trono. Restaurai a nobreza perdida do homem! O cidadão, que retorne a ser o que um dia foi: o propósito da coroa; não o vinculai a outro dever que não o de respeitar os direitos iguais de seus irmãos. E quando o homem tiver sido restituído a si mesmo, quando tiver despertado para o sentimento de seu valor e quando as sublimes, supremas virtudes da liberdade prosperarem, então

Sir, quando tiverdes feito de vosso Reino o mais feliz da terra... então será vosso dever subjugar o mundo.[1]

A excelente altercação do Marquês de Posa justifica a longa citação, visto que nela Schiller nos oferece, não somente uma página magnífica da "autoconsciência" do constitucionalismo moderno, mas também evidencia os grandes nós problemáticos que estão emaranhados na controvérsia sobre dignidade humana na cultura ocidental. Contudo, o título do capítulo e a reflexão que o trecho schilleriano confere à introdução desse tema não devem induzir a mal-entendidos. Aos estudiosos da dignidade humana como "problema constitucional" se impõe o dever de enfrentar o tema com cautela, evitando-se as tentações de um abstrato dogmatismo, recorrente entre juristas, e com a consciência de que o significado da dignidade humana se relaciona com diferentes imagens do ser humano, de acordo com as épocas e lugares, e que são, por sua vez, nutridas por múltiplas e diversas concepções de mundo. Deve-se ter em conta, igualmente, que se culturas histórica e geograficamente muito diferentes têm produzido visões muito discordantes a respeito do ser humano, e se o campo de observação aqui escolhido é, por sua vez, o da cultura ocidental, e da cultura europeia em particular, esse horizonte mais circunscrito também tem oferecido declinações muito diferentes para o significado da dignidade humana, as quais têm acompanhado passagens fundamentais da história do constitucionalismo.

Propõe-se, neste ponto, uma primeira dificuldade para o discurso sobre a dignidade humana. Ele evoca, por um lado, uma pretensão de universalidade, a qual não deriva apenas do reconhecimento estabelecido em convenções internacionais ou regionais[2] mas, muito mais, da

---
[1] Cfr. F. Schiller. Don Carlos. Infante di Spagna (1787), III, 10. trad. it. a cura di M.C. Foi, Venezzia 2004, 293 ss. Quanto ao pensamento de Schiller sobre a dignidade humana, E .J. Eberle, Schiller un Menschenwürde, in K. Menger (Herausg.), Der ganze Schiller-Programm ästhetischer Erziehung, Heidelberg 2006, 131 ss.

[2] Limito-me a mencionar o preâmbulo ("considerando-se que o reconhecimento da dignidade inerente a todos os membros da família humana e dos seus direitos iguais e inalienáveis constitui o fundamento da liberdade, da justiça e da

percepção difusa de que o valor universal é como se fosse logicamente intrínseco e inato, enquanto a pretensão de respeito à dignidade humana compreende em si – o que é já um aspecto antecipado por Schiller – a ideia de uma igual consideração de todos os homens. Por outro lado, o tema da dignidade habita o interior de diferentes paisagens discursivas, fazendo alusão a culturas de referências e de tradições estratificadas, ou seja, a diferentes antropologias que, por sua vez, estão refletidas – como já comentamos – em códigos linguísticos próprios e peculiares.[3] Também a multiplicidade de valências semânticas (*dignitas, dignity* e *Würde*, só para mencionar as mais significativas) estimula percorrer o problema constitucional da inviolabilidade da dignidade humana como um percurso, intrinsecamente plural, de história da cultura. Só essa abordagem, a meu ver, permite compreender a diferente colocação e a diversidade de extensão e conteúdo das referências à dignidade humana nos textos constitucionais europeus.

Deve-se acrescentar, também, que há uma ambivalência atualmente bastante advertida, e também carregada – com se verá – de inéditas implicações reconstrutivas. É que a natural vocação "compreensiva" dos dispositivos constitucionais em relação à dignidade humana evoca, por um lado, um "absoluto", que coloca a dignidade humana num plano muito elevado dentre os bens protegidos pela Constituição, de modo a preservá-la da dinâmica (e dos contínuos desafios) da convivência com outros bens constitucionais; e, por outro lado, e graças à sua forma ge-

---

paz no mundo"), o Art. 1 ("Todos os seres humanos nascem iguais e livres em dignidade e direitos"), o Art. 22 (Aos indivíduos são reconhecidos "os direitos econômicos, sociais e culturais indispensáveis à sua dignidade e ao livre desenvolvimento de sua personalidade") e o Art. 23 (Cada indivíduo tem direito a uma remuneração justa e suficiente que assegure a ele mesmo e a sua família uma existência compatível com a dignidade humana") pela Declaração Universal dos Direitos do Homem da ONU; também para o direito da UE, o Art. 2 do TUE (a União se funda sobre os valores do respeito à dignidade humana...") e todo o Título I da Carta dos Direitos Fundamentais da UE.

[3] Importante, sob este aspecto, os resultados da pesquisa recolhidos em *C Baumbach-P. Kunzmann* (Herausg.) Würde-dignité-godnosc-dignity. Die Menschenwürde im internationalen Vergleich, Müchen 2010, e ver, em particular, o ensaio de *P. Kunzmann*, Würde-Nuancen und Varianten einer Universalie, 19 ss.

neralíssima, ela pode se abrir a múltiplas possibilidades de desenvolvimentos.[4] O debate desenvolvido na Alemanha em torno do Art. I *Abs.* I da Constituição [*Grundgesetz*] (*GG*), considerado, não sem razão, como a primeira dentre as normas que se referem à dignidade humana na tradição constitucional europeia do século XX reflete, amplamente – como poderei ilustrar mais adiante (§ 5) – essa ambivalência entre um princípio que apareceu, por um lado, para operar, não no campo dos direitos fundamentais singulares, mas para marcar todo o quadro constitucional e, por outro, a cada vez mais frequente invocação do próprio princípio a fim de fazê-lo "incidir" na concretização de questões particulares que envolvem o seu significado e alcance – sobretudo onde se perfilam as profundas questões éticas das sociedades complexas, tais como as do aborto, passando pela bioética, até as questões sobre o fim da vida; também questões sobre a liberdade de consciência até a proteção da *privacy* e da honra, alcançando o baluarte da proteção a um "mínimo existencial" por meio de políticas de *Welfare* num tempo de crise – mais cultural do que econômica – das políticas de redistribuição de riqueza. Mas se, por tudo isso, as referências à dignidade deixaram o plano dos enunciados gerais, ou seja, o plano dos grandes motivos inspiradores da ordem constitucional, para se envolverem nas "escolhas trágicas" que aludem às oposições éticas controversas da sociedade,[5] então, a abordagem histórico-cultural se apresenta como uma passagem obrigatória para a compreensão de formulações constitucionais que, de outro modo, correm o risco de ficar separadas dos (e cegas para os) contextos nos quais devem incidir.

---

[4] A questão é revelada por *L.H Tribe,* Abortion. The Clash of Absolutes., New York – London 1992, passim e 229 ss., embora com referência a apenas um dos aspectos mais controversos, a legalização do aborto.

[5] Retomo a feliz e figurativa expressão de *G. Calbresi-P. Bobbit,* Scelte tragiche, Milano, 1986.

2. De volta às origens: *dignitas* romana e *imago Dei* cristã. A dimensão social da dignidade humana e a "imagem do ser humano"

É pela observação do movimento da história das ideias, e da cultura, que se tentará individuar, neste capítulo, o complicado percurso [*Begriffsgeschichte*] da dignidade humana e, também, abrir um caminho para enveredar, a seguir, pelo debate constitucional europeu contemporâneo. Um itinerário no curso no qual estão implicadas inúmeras interrogações. A dignidade humana é um pressuposto antropológico ou é uma pretensão? E a inviolabilidade da dignidade situa-se no campo antropológico ou no deôntico? E ainda, de onde vem essa tal dignidade humana? E de onde vem o fundamento da ideia de que ela é inviolável? E depois: em que medida a ideia da dignidade humana é inseparável do reconhecimento de direitos? E, por fim, a ideia da dignidade humana, pelo modo como está estabelecida na tradição constitucional europeia, é produto da secularização da concepção metafísica do mundo, tal como transmitida pelo cristianismo, ou expressa uma superação da tradição cristã e, por isso, por via da terminologia do pensamento iluminista, seria um neologismo (se não um indicador das "fraturas") da modernidade?

A dificuldade para se orientar diante de tantas interrogações deriva também do fato de que o espectro de significados da dignidade humana, no desenvolvimento desse percurso histórico, tem-se dilatado de modo progressivo.[6] No mundo romano, a *dignitas* exprime, na realidade, um conceito essencialmente político; aquilo que Cicero, não sem um tom crítico, fez menção a partir do exemplo da democracia ateniense (*...quoniam distinctos dignitatis gradus non habebant, non tenebat ornatum sibi civitas*)[7]: um marco essencialmente profano, derivado mais do fato do pertencimento às *elites* políticas do que de um elemento antropológico, inerente à natureza humana. Aqui já se podem ver alguns traços da *dignitas* romana que denotam, sobretudo, resultados de ações na esfera da política e que, portanto, devem ser continuamente postos à prova para serem merecidos; desdobra-se também na vida social e pressupõe um ser humano independente e capaz de pensar por si mesmo; prospera, ainda, naqueles estratos sociais (dos *homines liberi*) nos quais prevalece a liberdade;[8] requer, mais ainda, largueza de visão, já que só quem se projeta para as grandes coisas pode ser considerado digno;[9] e, enfim, está à disposição apenas dos que são iluminados pelo conhecimento de si e dos demais.[10] Esse significado da *dignitas* do mundo romano, essencialmente público, destaca-se pela frequente associação, sobretudo no pensamento estoico, entre a dignidade e outros atributos exteriores, como os que revelam as personalidades (*decus*),[11] os

---

[6] V. uma síntese em *V. Pöschl, Würde. I. Würde im antiken Rom*, ins *O. Brunner-W. Conze-R. Koseleck, Gerschichtliche Grundbegriffe*, VII, Stüttgar 1992, 637 ss.; e em *U. Vicenzi, Diritti e dignità umana*, Roma-Bari 2009, 7ss.

[7] Cfr. *M.T. Cicerone*. De republica, I, 27.

[8] Cfr. *M.T. Cicerone*. Pro C. Rabilio perduellionis reo, 16: "*Mors ... si proponitur in libertate moriamur...mentio ipsa denique indigna cive romano atque homine libero est*".

[9] O tema evocado por Cicero se refere, propriamente, ao estudo do direito (cfr. *M. T. Cicerone*, Pro Murena, XI, 25: "*dignitas in tam tenui scientia non potest esse. Res enin sunt parvae, prope in singulis litteris atque interpunctionibus verborum occupatae*") já estava presente em *Aristóteles, Etica nicomachea*, IV, 3, 1123b.

[10] Cfr. M. T. Cicerone, De officciis, I, 30, 106: "*atque etiam si considerare volemus, quae sit in natura nominis excellentia et dignitas, intellegemus, quam sit turpe diffluere luxuria et delicate ac molliter vivere...*"

[11] Aqui é obrigatório citar um célebre trecho de M. T. Cicerone, In M. Antonium orationes Philippicae oratio III, 14, 36: "*nihil est detestabilius dedecore, nihil foedius servitute. Ad decus et ad libertatem nati sumus: aut haec teneamus aut cum dignitate moriamur*".

que causam boa impressão, (*gravitas*), os comportamentos que tornam alguém digno de pertencer a certos círculos sociais (*honestas*), o reconhecimento, pelo mundo exterior, das qualidades interiores (*nobilitas*),[12] o poder que se pode alcançar pelo reconhecimento da dignidade (*auctoritas*), a posição de supremacia, originalmente referida aos deuses e, em seguida, considerada como parte do caráter do povo romano e de seus representantes (*maiestas*),[13] e o reconhecimento que se alcança pelos próprios méritos e pelas próprias virtudes (*honor*).[14]

No início da tradição cristã, por outro lado, a *dignitas* perderá aquela referência à dimensão exterior, ou profana, da existência – que era central no mundo romano – e assumirá um significado mais profundo, compatível com a colocação e o destino do ser humano na ordem transcendente. Cipriano, Santo Ambrosio e Apônio escreveram que a dignidade humana tem um intenso significado relacionado com o martírio, concebido como a mais elevada expressão da dignidade, e que também é reivindicada a partir de um polêmico traço de identidade, qual seja, o de fazer parte de uma minoria que recusa – inclusive com a disposição de sacrificar a própria vida – critérios mundanos de reconhecimento da *dignitas*. Delineia-se, além disso, já no pensamento dos primeiros Padres da Igreja, aquilo que pode ser considerada a contribuição mais inovadora e duradoura do pensamento cristão para a formulação da dignidade humana: precisamente, a ideia de que a dignidade diz respeito a todos os homens. Se isso comporta uma radical mudança de perspectiva – ou seja, a da

---

[12] É ainda um trecho ciceroniano que traz a diferença entre *honestas* e *nobilitas*:"Quibus ex rebus conflatur ed efficitur id, quod quaerimus, honestum, quod etiamsi nobilitatum non sit, tamen honestum sit, quodque vere dicimus, etiamsi a nullo laudetur, natura esse laudabile" (cfr. M. T. Cicerone, De officiis, I, 4, 14).

[13] Cfr. ainda M. T. *Cicerone*, De oratore, II 39, 164: "maiestas est amplitudo ac dignitas civitatis".

[14] Sobre tudo isso recomendo ver, também para ulteriores referências clássicas da latinidade, S. Schaede, Würde-Eine ideengeschichtliche Annährung aus theologischer Perspektive, in P. Bahr-H.M. Heinig (Herausg.), Menschenwürde in der säkularen Verfassungsordnung, Tübingen 2006, 20 ss.

dignidade como privilégio de homens livres (Roma), para uma noção de igual dignidade de todos os homens – nota-se também que o fundamento dessa nova concepção é mais teológico do que político. O homem do pensamento cristão se coloca – e esse é o fundamento de sua dignidade – na mais elevada posição no mundo terreno, e isso pela marca indelével que deriva do fato de ter sido feito à imagem de seu Criador. Inicia aqui, sobretudo a partir da doutrina de Agostinho de Hipona e de Beda, o Venerável, o núcleo central da reflexão do pensamento cristão, que vinculará, inextrincavelmente, a dignidade humana à *imago Dei* e que traçará as linhas fundamentais do percurso que será feito, e aprofundado, pela filosofia medieval.[15] Nesta não faltarão as leituras da doutrina da *imago Dei* mais carregadas de elementos racionais, como a ideia que associa a dignidade humana à sua natureza racional continuamente posta à prova pela possibilidade do pecado (Scotus Eriugena). Não se pode negligenciar a ênfase dada por Gregório Magno e por Bernardo de Claraval ao fato de que o homem deve merecer sua dignidade e que não pode se resignar à sua condição, porque a dignidade se encontra, antes de mais nada, no dever de *agnoscere* a própria condição humana. Muito embora o nexo entre méritos do crente e a dignidade humana ter-se desenvolvido com a teologia da Reforma – e para essa direção ter evoluído, com viés secular, no pensamento da modernidade[16] – na filosofia cristã medieval pode-se dizer que prevalece a ideia de que o homem justifica seu vínculo com Deus, não porque tenha méritos e, graças a eles, dignidade; mas, antes, pela graça que lhe foi concedida por seu Criador.

As implicações dessa construção que concebeu a dignidade humana como uma qualidade inata, ou como uma "dom", ao invés de vê-la como uma conquista individual, são relevantes e esclarecem raízes profundas de argumentos ainda hoje recorrentes na discussão sobre questões

---

[15] Para uma ampla reconstrução do pensamento cristão v. S. *Schaede*, op. cit., 28 ss. (ao qual remeto para uma pontual indicação de fontes primárias).
[16] Ver P. *Kondylis*, Würde. IV. "Dignitas hominis", in Renaissance und Reformation, in *o. Brunner-W. Conze-R. Koselleck* (Herausg.), op. cit., VII, 662.

éticas particularmente controversas. A dignidade humana assumiu, a partir daí, um significado que prescinde da *honor* atribuída pelo mundo exterior. E isso bastará para definir sua absoluta prioridade no campo teológico. Todavia, o reconhecimento externo também será exigido, mas como um traço do caráter, e que deve ser protegido em cada situação e em cada contingência que o possa destruir (Anselmo de Canterbury). Colocada no interior de uma *ordo dignitatis* de todas as espécies vivas, a dignidade humana participa de um nexo indissociável com a vida, o que induz Alberto Magno a qualificar a morte, por contraste, como o outro lado da dignidade, e o que significa, também, que as contingências do viver e do morrer escapam à disponibilidade da liberdade humana, porque são parte da ordem natural do criado. A *imago Dei* também confere ao homem um valor maior, de particular intensidade, por causa de sua capacidade de existir no mundo conjugando alma e corpo e, no mundo terreno, pelo fato de dispor da condição de poder construir, e de poder conformar, a realidade circundante (Boaventura de Bagnoregio). Nessa capacidade de conformar o mundo estaria implícita a dignidade que caracteriza a imagem do homem, e nisso residiria, igualmente, o núcleo central da doutrina medieval da *imago Dei*. O homem constrói, com seu corpo e patrimônio espiritual, acima dos quais está o intelecto, um microcosmo, que reproduz o macrocosmo do qual Deus é a *causa prima* (Alberto Magno).

A filosofia cristã medieval oferece, portanto, um quadro bastante amplo de sugestões. Deixa entrever um espectro muito diversificado de posições. Assim, a partir do século XIII e, sobretudo, com a teologia escolástica, que se movia a partir das ideias de que o intelecto é o cerne da semelhança do homem com a *imago Dei*, o nexo com as faculdades intelectivas começa a assumir um destaque especial na reflexão sobre dignidade humana. E isso colocou o problema de saber se a dignidade humana se relaciona, ou não, com diferentes estágios de desenvolvimento do intelecto ou se se reporta apenas a intelectos plenamente capazes de conformar o mundo circundante; além disso, se a dignidade alcança também as criaturas que dispõem de capacidade intelectual em estado apenas potencial. Tem sido observado que o vínculo entre a dignidade humana e o intelecto foi abordado pelos escolásticos a partir de uma concepção muito ampla do humano, entendido como um conjunto de múltiplas faculdades, como uma entidade espiritual, mas não imaterial (Tomás de Aquino). E tem sido acrescentado, também, que seria uma simplificação dizer que a teologia da Escolástica teria identificado a dignidade humana apenas com o intelecto, e que, mesmo no pensamento de Scotus Eriugena, um filósofo que dá peculiar destaque a esse nexo, a alma racional do homem é muito mais do que o intelecto.[17] A reflexão da filosofia escolástica sobre a relação entre dignidade humana e intelecto, contudo, parece individuar o ponto crucial (e o aspecto problemático) na controvérsia sobre as origens da vida. Ao abordar o assunto de que o homem é uma *anima rationalis*, os escolásticos advertem que o processo natural do nascimento não pode exaurir o vir-a-ser da dignidade humana, e que suas raízes estão num ato de criação que transcende, e supera, o momento efêmero (e natural) da concepção. Reformulando o ensinamento aristotélico, segundo o qual a vida, o corpo e a alma se desenvolvem em sincronia, o pensamento da Escolástica tende a colocar a questão da origem da vida do homem num plano superior, que supera o momento do desenvolvimento orgânico, o qual, por isso, não parece ser o único componente constitutivo da dignidade. Seria, evidentemente, um equívoco atribuir ao pensamento escolástico qualquer tipo de distanciamento em relação ao tema de que se deve reconhecer dignidade também aos embriões. Seria uma conclusão que contrastaria com a ideia de que o desenvolvimento da vida, em seu conjunto, associa-se à surpreendente maravilha da criação. Parece que na teologia escolástica estão bem ligados entre si, a despeito de serem tratados como distintos para fins especulativos, os três aspectos da dignidade humana:

---

[17] Ver S. *Shaede*, op. cit., 45 s.

a proteção da vida, o respeito ao processo de seu desenvolvimento e seu início, com a concepção.[18] Os desenvolvimentos sucessivos da teologia católica, a partir do século XVI, produziram, como se sabe, um progressivo endurecimento das posições emergentes da complexa constelação de motivos teológicos e filosóficos presentes no cristianismo medieval, investindo decididamente contra qualquer tentativa de relativizar a intensidade da dignidade humana, e da proteção da vida, em relação ao grau de desenvolvimento do embrião. A tese dominante era a de que a célula fecundada já contém o patrimônio que distingue o homem e sua dignidade.[19] Mas muitas ideias da especulação medieval, como a da distinção entre *discretio individualis* e *discretio personalis* (Boaventura de Bagnoregio), inspiraram, não apenas novas elaborações de um personalismo de bases ontológicas, cuja premissa seria a de que a pessoa não se confunde com o indivíduo singular, mas, também, ideias como a que sustenta que a dignidade humana é um valor absoluto e que, por isso, não admite, de modo algum, ser avaliada em termos comparativos.

---

[18] Ver ainda neste sentido, com amplo referênciamento às fontes, S. Schaede, op. cit., 46 s.
[19] Para indicações sobre esses desenvolvimentos v. S. Schaede, op. cit., 47.

3. Os desafios da modernidade e da secularização: a relação entre dignidade e liberdade

Com o advento da modernidade, e com a descoberta de novos fundamentos da subjetividade, a reflexão sobre a dignidade humana se libertará das dificuldades derivadas daquelas alternativas anteriores (a da *dignitas* romana, fechada no horizonte mundano e obtida na sociedade, e a da *imago Dei*, que se refere, ao contrário, a uma dimensão transcendente e contingente da existência). Passará, a partir daí, a se concentrar na relação entre dignidade e liberdade. A passagem para a concepção de dignidade humana que começará a se delinear no pensamento humanista e renascentista do início da idade moderna – e que se afirmará depois, completamente, no século XVIII, sobretudo graças à filosofia kantiana – estava já, de certo modo, preparada na fase em que a filosofia cristã medieval refletia as efervescências de uma sociedade na qual o desenvolvimento das cidades e das atividades mercantis, bem como da circulação da cultura, deixavam entrever uma imagem de homem que, embora ainda construída no contexto de um robusto marco teológico, abria-se também para uma dimensão secular.[20] Na realidade, no pensamento de Thomas de Aquino o tema dominante da *imago Dei* não foi abandonado; antes disso, foi conjugado com uma imagem de ser humano fundado no livre-arbítrio e centrado na capacidade de escolher entre o bem e o mal. Tal capacidade, que Thomas de Aquino empenhou-se em demonstrar ser

---

[20] Ver, para fins de uma leitura inicial e para ulteriores indicações, J. Le Goff (por), L'uomo medievale, Bari-Roma, 2006.

algo inerente à natureza humana, como a capacidade de empenhar-se com as próprias forças para superar a antítese entre esses dois polos, é o que define a qualidade do sujeito e, ao mesmo tempo, o que o aproxima de seu Criador. Com a filosofia tomista, portanto, a dignidade humana terá seu cerne na *vis electiva* e na liberdade do querer. Por meio desses elementos se reconhece apenas uma versão negativa da dignidade humana, mas essa já inclui a ideia de que tais elementos são a causa das contingências da existência. É certo que a vontade livre ainda não havia sido configurada como um mero reflexo da capacidade de decisão humana, e isso porque ela se colocava no quadro de uma razão prática orientada para o *bonum commune* e, nessa harmonização com a razão universal, ela devia refletir a unidade da ordem da criação divina. Todavia, parece já delineada, embora construída sobre os pilares da teologia cristã, a questão da relação entre dignidade, liberdade e *imago Dei* – esta última fundada na natureza espiritual do homem – o que antecipa a discussão de temas que, no quadro de uma concepção diferente de ser humano, encontrarão significativos desenvolvimentos no pensamento da modernidade.[21]

Se já é possível vislumbrar no pensamento tomista, no contexto das transformações profundas da sociedade e da mentalidade medieval e, ainda, no quadro da elaboração do livre-arbítrio, um esforço para conjugar a tradicional visão teológica da antropologia cristã com os ideais de livre autodeterminação, será, porém, o pensamento humanista e renascentista que assinalará uma virada decisiva na direção de uma concepção radicalmente nova de dignidade humana, a qual abrirá caminho para a chegada

---

[21] Para uma cuidadosa reconstrução da reflexão de Tomás de Aquino sobre dignidade humana, ver C. Enders, Die Menschenwürde in der Verfassungsordnung. Zur Gogmatik des Art. 1 GG, Tübingen 1997, 180 ss (o qual recomendo para indicações sobre fontes). Sobre as relações entre a concepção de Aquinate e o pensamento da modernidade v. M. Piechowiak, Auf der Suche nach einer philosophischen Begründung der Würde des Menschen bei Thomas Von Aquin und Immanuel Kant, in P. Kunsmann (Herausg.), op. cit., 289 ss.

da moderna filosofia europeia.²² No discurso *De dignitate hominis*, de Pico da Mirandola, de 1486, surpreendem, não só a extraordinária força especulativa, mas igualmente os fundamentos teóricos de uma antropologia que – distanciando-se da filosofia medieval – lança-se para o futuro, delineando um "projeto" sobre a posição do ser humano no mundo. Não surpreende que esse discurso tenha recebido, na época, uma dura condenação da Igreja, muito embora se tenha desenvolvido ainda no âmbito da perspectiva que não separa Deus e homem, assumindo um e outro como termos de uma hendíade inseparável. E o motivo da censura reside precisamente nisso: Pico construiu uma distinção entre mundo natural e mundo espiritual a partir do pressuposto de que as possibilidades humanas em relação ao mundo espiritual tinham que ver, integralmente, com o próprio poder do homem. E aí está o significado profundo da "dignidade" humana, o que conferirá ao ser humano, daí por diante, o privilégio da mais elevada admiração. O homem de Pico está no centro do mundo. E em seu discurso, é o próprio Deus que reconhece essa sua posição central, em virtude de leis preestabelecidas: o ser humano fora criado como uma entidade que não é nem celeste, nem terrena, mas completamente livre para se autoconformar, tal como um artista ou um poeta, livre para dar forma à sua própria existência. Em relação ao pensamento medieval, portanto, o homem de Pico já tem em suas mãos o próprio destino, do qual seu livre-arbítrio é o único artífice. Ele não age mais numa esfera de liberdade relativa, num espaço reservado, dado por seu Criador, e com limites preestabelecidos. Assim, a perspectiva do pensamento medieval se inverte. E a doutrina da *imago Dei* começa a ser substancialmente superada por uma visão de homem que, precisamente porque feito à imagem de seu criador, é também "senhor" de seu mundo.²³

---

²² Para uma leitura diversa, que tende a valorizar os elementos de continuidade com a filosofia e a teologia medieval, v. V. Possenti, Il principio-persona, Roma 2006, 28 ss.

²³ Sobre pensamento de Pico da Mirandola e, em geral sobre imagem do homem afirmadas no pensamento humanista e renascentista retornarei *infra*, capítulo VIII,§ 2. V. também, em geral, R. Gröschner-S. Kirste-O.W. Lembke (Herausg.)

A partir dessas primeiras e penetrantes intuições pode-se dizer que as concepções de dignidade humana propostas pelo moderno pensamento europeu se caracterizam por dois aspectos: o gradual abandono da doutrina da *imago Dei* e o reconhecimento do valor universal da dignidade humana. Esse universalismo estava, seguramente, embutido nas premissas do jusnaturalismo racionalista e acentuava, na época da formação do estado moderno, que a dignidade era uma qualidade intrínseca do ser humano, cujo "valor" transcende as fronteiras dos estados e do direito estatal. A fim de compreender esse desenrolar decisivo do debate, é preciso mencionar, sobretudo, as contribuições do pensamento de Pufendorf. Menos animado por intenções especulativas e já influenciado pelo clima das guerras religiosas e pela teologia das Igrejas protestantes – que haviam deixado entrever uma concorrência entre Deus e homem (a ideia de que tudo o que é conferido ao homem vem de Deus) – e, sobretudo, pelo individualismo hobbesiano, Pufendorf apresentará uma concepção da dignidade humana que rompe completamente as ligações com a doutrina da *imago Dei*. Não é nesta (nem em relação a ela) mas na natureza racional do ser humano que a liberdade encontrará seu fundamento.[24] Aqui já temos uma concepção completamente secularizada de dignidade humana. Construída a partir da existência quotidiana e na medida das potencialidades humanas; e não mais com vistas a um estágio originário de perfeição.[25] É uma visão muito empírica do humano, guiada pela consideração dos objetivos que o ser humano persegue na realidade.[26] Uma concepção de dignidade ra-

---

Des Menschen Würde-entdeckt und erfunden im Humanismus der italienischen Renaissence, Tübingen 2008. O texto da *Oratio de hominis dignitate* de Pico da Mirandola pode ler-se em P.C. Bori, Pluralità delle vie. Alle origini del *Discorso* sulla dignità umana di Pico della Mirandola, Milano 2000, 101 ss.

[24] Essa mudança de perspectiva está já evidente em T. Hobbes, Leviatano (1651), ediz. ital. a cura di A. Pacchi, Bari-Roma 1997, capítulo XXI, 175 ss.

[25] V. S. Pufendorf, De officio hominis et civis juxta legem naturalem libri duo (1682), New York 1927, XII.

[26] Cfr. S Pufendorf, op. ult. Cit., livro I, cap. III, § 7; bem como *Id.*, De iure naturae et gentium, Frankfurt 1967 (rist. dell'ediz. de 1759), livro II, cap. III, §§ 14-15.

dicada na condição social e no reconhecimento derivado dessa condição.²⁷ Para essa abordagem laica do tema da dignidade humana, o pensamento de Pufendorf inaugura um novo estágio nas discussões filosóficas, dominado – por algo que depois a filosofia kantiana se encarregará de elaborar de modo completo – qual seja, a ideia de que não é a *imago Dei* que constitui o paradigma da dignidade humana, mas a capacidade dos homens de serem o "fim de si mesmos" [*Selbstzweck*], enquanto seres capazes de conhecer a realidade que os cerca, de discernir as próprias ações e de se determinar a partir do livre-arbítrio.²⁸ A dignidade que resultará de tudo isso, e a igual dignidade que deve ser reconhecida a todos os seres humanos não serão, portanto, vistas como fruto de uma ordem preestabelecida pelo Criador, mas da liberdade de perseguir os propósitos da própria existência numa rede de relações com outros seres humanos.²⁹ O que distingue o ser humano das outras criaturas não é mais, definitivamente, a sua participação num desenho teleológico que o transcende. É a busca de propósitos que correspondam à sua natureza superior (à sua "dignidade", portanto), e sob a orientação das leis da razão.

A partir da razão prática kantiana o significado universal da dignidade humana passará por mais uma transformação (em relação ao pensamento jusnaturalista dos séculos XVII e XVIII) derivada, agora, da matriz contratualista. Kant se empenhará para elevar o valor da dignidade humana a um plano racional abstrato, em contraste com o caráter mais empírico que os jusnaturalistas, em especial Pufendorf e Hobbes, derivaram do contratualismo. A dignidade [*Würde*] se manifestará, agora, como um "valor intrínseco" do ser humano, como um *a priori* da filosofia prática e que, por si só, tem caráter absoluto: será entendida, precisamente, como algo cuja "*existência em si*"

---

²⁷ Cfr. S Pufendorf, op. ult. cit., livro III, cap. II, § 2: "scilicet, quemadmodum in Rebuspublicis bene constitutis alius civis alium dignitate, aut opibus excedit, libertas autem omnibus in aequo posita est".

²⁸ Cfr. S *Pufendorf*, op. ult. cit., livro II, cap. I, § 5.

²⁹ Cfr. S *Pufendorf*, op. ult. cit., livro III, cap. II, § 1.

tem "um valor absoluto e que, *por ser um fim em si mesma*", pode ser "o fundamento de certas leis" e pode, portanto, ser "o fundamento de um possível imperativo categórico".[30] Isso explica, em parte, a repercussão duradoura da filosofia prática kantiana, que chegou a influenciar as formulações do princípio da dignidade humana em muitas constituições contemporâneas; bem como o êxito dessa filosofia num momento de grande fé na proteção dos direitos humanos, num contexto mais abrangente do que o das fronteiras do direito estatal.

A concepção kantiana da dignidade humana parte da premissa de que

(...) o homem e, em geral, todo ser racional, *existe* como fim em si mesmo, e *não como meio* para uso arbitrário por esta ou aquela vontade. Pelo contrário, em todas as suas ações, quer as que se voltam para ele mesmo, quer as que se orientam para outros seres racionais, o homem sempre, e necessariamente, deve ser considerado *como um fim*.

Em contraste com os "seres cuja existência se apoia não em nossa vontade, mas na natureza", os seres racionais

(...) são denominados *pessoas* porque sua natureza os distingue como fins em si mesmos, ou seja, como algo que não é legítimo usar apenas como um meio, o que, consequentemente, limita, nesse sentido e medida, toda forma de arbitrariedade: *são objeto de respeito*.

Disso advém o valor absoluto da dignidade da pessoa humana [*Menschenwürde*], haja vista que

(...) não se tratam de fins meramente subjetivos, cuja existência tenha valor *para nós* por causa do efeito de nossas ações, mas de *fins objetivos*, ou seja, de coisas que fazem da existência um fim em si mesma e, precisamente, fazem da existência algo que não pode ser substituído por nenhum outro fim do qual deveria estar a serviço, como *simples meio*, porque sem isso não se poderia encontrar em nenhum lugar algo *"dotado"* de *valor absoluto*; e se todos

---

[30] Cfr. I. *Kant, Fondazione della metafisica dei costumi* (1785), ediz. ital., por A.M.Marietti, Milano 1995, 167 (a obra precede apenas três anos a publicação do *opus magnum* da filosofia prática Kantiana, a *Crítica da razão prática*).

os valores fossem condicionados, e consequentemente, acidentais, não se poderia encontrar um princípio prático supremo para a razão.

A premissa é fundamental para compreender os desenvolvimentos que a teoria de Kant trará para a definição da dignidade humana, cujo caráter universal e absoluto deriva do postulado, segundo o qual deve existir, um princípio prático supremo e, no que se refere à vontade humana, um imperativo categórico (...) que derive da representação daquilo que, por ser *fim em si mesmo*, necessariamente seja um fim para todos os homens, um princípio *objetivo* da vontade; apto a servir de lei prática universal.

Mas se o fundamento dessa lei prática suprema é que "*a natureza racional existe enquanto fim em si*", disso Kant deriva mais um corolário quanto ao valor universal da dignidade humana [*Menschenwürde*]. Visto que esse princípio comporta, em sua dimensão subjetiva (como "princípio *subjetivo* das ações humanas"), que "todos os seres racionais representam sua existência em consequência do mesmo fundamento racional que é válido também para mim", conclui-se que o seu caráter universal (de "imperativo categórico") consiste, principalmente, em admitir a igual dignidade de todos os seres humanos. Um "imperativo categórico" que Kant resume, emblematicamente, no preceito: "Age de modo a tratar a humanidade sempre como fim, seja na tua pessoa ou na pessoa de qualquer outro, nunca como simples meio".[31]

Compreende-se por que, partindo dessas premissas, Kant conferiu ao princípio da igual dignidade de cada homem uma posição absolutamente central na sua filosofia prática; e fez isso se apoiando mais num fundamento de imperativo *a priori* do que de matriz contratualista. De fato, no "reino dos fins", que é governado pela razão prática, "o dever não pertence ao soberano, mas a cada membro e, precisamente, a todos, em igual medida". O destaque ao componente empírico, advindo das teorias contratualistas (Hobbes, Locke, Rousseau), ligado à consciência da di-

---
[31] Cfr. *I. Kant*, op. cit., 167-171.

mensão da socialidade, embora em parte obscurecida pelo forte acento prescritivo e individualista que lhe é comumente atribuído, não poderia ter sido formulado de modo mais claro.

A necessidade prática de agir segundo esse princípio, ou seja, o princípio do dever, não se funda, realmente, em sentimentos, impulsos ou inclinações, mas apenas na mútua relação dos seres racionais, na qual a vontade de cada ser racional deve ser considerada sempre, e simultaneamente, como *legisladora* porque, do contrário, o ser racional não poderia ser pensado como *fim*, como *fim em si*. A razão correlaciona, pois, cada máxima da vontade, concebida como universalmente legisladora, com todas as outras vontades e, também, com cada ação para conosco mesmos; e isso não por motivos práticos ou vantagens futuras, mas por causa da ideia da dignidade do ser racional que não deve obedecer a nenhuma lei senão aquela que ele se dá a si mesmo.

No "reino dos fins", Kant distingue, desse modo, aquilo que tem um preço, isto é, que "pode ser trocado por qualquer outro *equivalente"*, daquilo que tem dignidade, ou seja, que "não tem preço nem, consequentemente, equivalentes". A dignidade consiste, portanto, mais precisamente, no caráter "exclusivo daquilo que pode ser considerado como um fim em si mesmo e que, portanto, não pode ter um valor relativo, ou seja, um preço; pode apenas ter um valor interno e intrínseco, isto é, *dignidade"*. O nível supremo atribuído à dignidade humana pela filosofia prática kantiana é resultado, certamente, de uma reflexão que reconhece como dignidade o valor que está "acima dos preços, meio absolutamente inadequado para calculá--la ou compará-la, sem atentar, por assim dizer, contra a sua santidade".[32]

Nessas passagens da Fundamentação da Metafísica dos Costumes [*Grundlegung der Metaphysik der Sitten*], na argumentação rigorosa quanto ao caráter absoluto da dignidade humana como "dom" intrínseco de seres racionais e, como tal, insuscetível de entrar em comparação e apre-

---

[32] Cfr. *I. Kant*, op. cit., 181-185.

ciação com outros bens, podem ser colhidos temas que repercutiram no debate constitucional contemporâneo.

Além disso, as passagens destacadas anteriormente evidenciam que a concepção kantiana de dignidade humana [Menschenwürde] é o ponto de chegada da tradição do jusnaturalismo dos séculos XVII e XVIII. Se bem observado, no contexto kantiano a dignidade ainda parece colocar-se no âmbito de um individualismo rigorosamente externo ao direito positivo do Estado.

Se bem que com o conceito de dever estamos pensando numa subordinação à lei, também representamos com isso certa sublimidade e *dignidade* à pessoa que cumpre com todos os seus deveres. De fato, se é verdade que não há nada de sublime quando a pessoa simplesmente se *submete* à lei moral, é certo que é sublime quando, em relação a essa mesma lei, a pessoa está *submetida* e, ao mesmo tempo age como *legisladora* e, por esse motivo, subordina-se a ela.[33]

Desse modo, o pensamento kantiano prepara o processo de translação do plano da dignidade [Würde] para o plano dos "direitos" humanos: o vínculo entre ambos será de natureza instrumental e surgirá quando os direitos passam a exprimir o que cabe a cada ser humano, em vista de sua essência, [Menschheit], e quando a dignidade passa a significar essa essência. Por outro lado, empenhando-se para edificar a dignidade humana em terreno racional, num *a priori* abstrato, e para desenhar um traçado de relações entre indivíduos que prescinda da consideração das dinâmicas sociais, o pensamento kantiano antecipa (ou talvez mais exatamente, fornece um poderoso aparato filosófico para) a posterior absorção da dignidade humana pela dogmática jusnaturalista do século XIX.[34]

A filosofia hegeliana será o apogeu do itinerário [Begriffsgeschichte] da dignidade humana na modernidade europeia. Promoverá uma formulação sistemática da teoria da subjetividade. Ao mesmo tempo, será respon-

---

[33] Cfr. *I. Kant*, op. cit., 195.

[34] A questão é desenvolvida amplamente no quadro de uma reconstrução precisa da filosofia prática kantiana, por *C. Eders*, op. cit., 189 ss.

sável pelo início de uma trajetória descendente porque, nessa filosofia, predomina uma declinação "processual" a respeito do tema que culminará por confluir a individualidade na mais elevada esfera da estatalidade. Hegel se distancia da concepção racional-abstrata da dignidade humana como fim em si mesmo [*Selbstzweck*], chamando a atenção para o risco de uma desconfiguração utópica. Ele se propõe a superar as limitações da teoria kantiana por meio de uma abordagem que privilegia a historicidade concreta do problema da subjetividade, como algo inseparável da situação na qual o indivíduo se encontra.[35] Partindo da premissa de que a espiritualidade é a raiz da natureza humana, e também que a liberdade do espírito é o seu centro, Hegel entenderá que a dignidade humana é a possibilidade de alguém realizar a liberdade que corresponde à sua natureza. Ele também se empenhou para acrescer à liberdade o significado de uma direção positiva para a moralidade, e por via da superação entre a esfera teórica e a esfera prática, configurando a vontade como uma modalidade de pensamento, mas de um pensamento que se traduz em existência.[36] É da essência da liberdade humana, portanto, a conexão desses dois momentos: o puramente teórico – que postula a absoluta e abstrata possibilidade de cada determinação – e o puramente prático, que se põe diante de um objeto determinado e postula, ao contrário, a finitude e a particularidade do eu, no momento em que este entra em contato com o real existente e sua complexidade.[37] A dignidade humana aparece, assim, inserida numa concepção concreta de liberdade, a partir da qual o eu toma consciência de sua "particularidade" – que o circunda – e "do outro ligado a ele" sem, todavia, deixar de ser ele mesmo e de permanecer preso à generalidade

---

[35] Cfr. G.W.F. Hegel, Lineamentti di filosofia del diritto (1821), §§ 5 e 11, com notas de E. Gans aos §§ E e 11 (*"Würde hat der mensch nicht dadurch, was er als unmittelbarer Wille ist, sondern nur indem er von einen An-und Fürsich seyendem, einen Substantiellen weiß und diesem seinem natürlichen Willen unterwirft und gemäßht macht"*) ed. ital. por F. Messineo, Roma-Bari 1974, 35 e ss., 40 s., 348 s., 352.
[36] Cfr. *G.W.F. Hegel*, op. cit. § 4, 33 ss., 346 ss.
[37] Cfr. *G.W.F. Hegel*, op. cit. § 6 e 7, 36 ss. 349 s.

da abstração absoluta.³⁸ Se, portanto, a liberdade de querer se conecta de um modo inextricável ao conceito de subjetividade, enquanto através dessa liberdade o ser humano entra em movimento circular de conciliação entre sujeito e objeto que, pela realidade, acaba por reconduzi-lo a si mesmo, isso não será entendido como uma rendição do espírito aos constrangimentos do real. Bem ao contrário, o propósito fundamental da subjetividade é o de se apropriar do mundo, de aplicar-se ao pensamento e de construir a realidade segundo os seus ditames. Desse modo, o espírito adquire o domínio da realidade, conferindo-lhe racionalidade e estabilidade e, ao mesmo tempo, sente-se "em casa" enquanto está na realidade: a dignidade humana será, no contexto hegeliano, inseparável de uma pretensão de transformação da realidade.³⁹

A filosofia hegeliana guardava em si, por outro lado, as sementes da dissolução de uma das concepções de dignidade humana: a que era fundada na individualidade. E isso tem a ver com o fato de que Hegel colocou o eu, com suas particularidades, num sistema universal – no âmbito do qual o sujeito é gradualmente absorvido pelo espírito objetivo. E tem a ver, também, com o pressuposto da necessária identidade entre o "propósito final do mundo [*Endzweck der Welt*] e a sua realização na esfera individual--subjetiva".⁴⁰ Imersa na correnteza das leis do desenvolvimento do espírito objetivo, até mesmo a historicidade do sujeito hegeliano é inseparável da dimensão objetiva, que transcende as particularidades. A história universal será compreendida, por isso, como um "produto da racionalidade eterna": não é obra de indivíduos.⁴¹ Por aí se vê a complexidade da teoria hegeliana da subjetividade. À diferença do indivíduo kantiano, para Hegel o sujeito está inserido no movimento do desenvolvimento do espí-

---

³⁸ Cfr. *G.W.F. Hegel*, op. cit. § 7, 38.
³⁹ Cfr. *G.W.F. Hegel*, op. cit., *Vorrede* e § 4 , 17 ss., 33 ss.
⁴⁰ Para essa passagem da filosofia hegeliana v., sobretudo, *G. W. F. Hegel*, Lezioni sulla filosofia della storia (ediz. Gans del 1837), I. La razionalità della storia, ediz. ital. por G. Calogero e C. Fatta, Firenze 1981, 60 ss., 144 ss. HeH
⁴¹ Cfr. ainda *G.W.F. Hegel*, op. ult. cit., I, 55 ss.

rito, intrinsecamente histórico; e a esfera da eticidade, por seu turno, assume um caráter essencialmente processual. Por outro lado, o indivíduo tem um papel peculiar nesse movimento processual – com todas as particularidades que conotam sua subjetividade. É que, para Hegel, a mera objetividade é obra inacabada sem um processo de compenetração que se realiza pelo recolhimento do espírito subjetivo em si mesmo.[42] É nesse movimento circular, portanto, que se desenvolve a liberdade do indivíduo, já que sem a liberdade do espírito subjetivo o indivíduo estaria privado da capacidade de tomar parte ativa e consciente desse processo, permanecendo como um mero sujeito-objeto [*Gemachter Gegenstand*]. A esfera da eticidade, nesse caso, não se poderia realizar, pois iria "contra o princípio da liberdade subjetiva".[43] Também nisso é preciso reconhecer, contudo, um fator de complexidade que explica os rumos da teoria hegeliana da subjetividade no pensamento contemporâneo.[44] De um lado, o homem hegeliano não corresponde mais ao paradigma do *jusnaturalismo* racionalista. É um homem que conquista a autoconsciência da própria subjetividade pela via da liberdade e que, para alcançá-la, precisa entrar numa "luta pelo reconhecimento [*Kampf des Anerkennens*]". De outro, o direito do sujeito resulta de um processo de recíproco reconhecimento, e a dignidade requer, para se realizar, uma fuga da esfera subjetiva, bem como a passagem do espírito subjetivo para o espírito objetivo, que se concretiza nos vários graus da eticidade, mas, sobretudo, no Estado.[45]

---

[42] Cfr. *G.W.F. Hegel*, op. ult. cit., I, 98 ss.
[43] Cfr. *G.W.F. Hegel*, Lezioni sulla filosofia della storia cit., III. Il mondo greco-romano, 262 ss.; IV. Il mondo germanico, 150 ss. Sobre este aspecto do pensamento hegeliano v. amplamente E. *Cafagna*, La libertà del mondo, Bologna 1998; C. *Enders*, op. cit., 202 (ao qual remeto também para uma discussão acurada das relações entre o pensamento hegeliano e outros expoentes do idealismo alemão).
[44] Refiro-me, em particular, à reflexão sobre "reconhecimento" elaborada pelas últimas gerações da escola de Frankfurt: v. sobretudo A. *Honneth*, Lotta per il riconoscimento, Milano 2002, *Id.*, Das Ich im Wir, Frankfurt a.M. 2010.
[45] V. entre os textos hegelianos que desenvolvem particularmente estas passagens, *G.W.F Hegel*, Fenomenologia dello spirito (1807), ediz. ital. por V. Cicero, Milano 2000, 319 ss.; Id., Lineamentos cit., § 21, 47 s. 355.

A consciência da imersão do sujeito num movimento circular que atinge, no Estado, a totalidade do espírito objetivo, conjugada com uma visão concreta e histórica da subjetividade, inextricavelmente condicionada por fatores religiosos, culturais e econômicos, fazem com que a reflexão hegeliana permita antever todos os futuros cenários por onde se desenvolveu o debate sobre a dignidade humana no constitucionalismo contemporâneo. Embora a representação hegeliana do Estado – como etapa culminante da eticidade, como portador dos valores éticos superiores – pareça exaurir a objetividade do espírito e obscureça a visão profunda da vida social que se manifesta, principalmente, na esfera da sociedade civil – na qual Hegel colocou as mais variadas manifestações da socialidade, em particular aquelas ligadas às necessidades econômicas – é na esfera da vida social que "encontramos o pressentimento da vida social como vida autônoma e independente do Estado", ou seja, é aí que encontramos a ideia do reconhecimento recíproco da personalidade que se refere à unidade do sistema da eticidade. A visão hegeliana da dignidade humana é inseparável do pressuposto organicista que preside todo o seu sistema filosófico. E representa um esforço poderoso "para restabelecer a unidade, reconciliar a ordem econômica individual com a ordem política e ética e para elevar aquilo que é negativo, abstrato e particular à dignidade de positivo, concreto e universal". O espírito é entendido por Hegel como "unidade de vida e de realidade que, na sua essência, é desenvolvimento; não em sentido naturalista, mas no sentido de um ideal de desenvolvimento de categorias lógicas do pensamento, expressas na sucessão temporal dos fundamentos históricos". Já "a história do progressivo emancipar-se do espírito" é concebida como um movimento ascendente em direção "aos graus mais elevados do saber absoluto", os quais se refletem em instituições jurídicas e sociais. A imagem hegeliana do homem se ajusta a essas premissas e é perfeitamente coerente com o sistema que vê a esfera política não como "uma união mecânica de indivíduos igualmente soberanos, mas como unidade orgânica de classes e funções regidas pelo princípio da universalidade". Paralelamente a isso, toda a vida social é entendida "em sentido orgânico e não como conjunto de indivíduos indiferenciáveis concebidos abstratamente na uniformidade da sua natureza sensível e racional".[46]

---

[46] Destaco a síntese magistral de G. *Solari*, Il concetto di società civile in Hegel (1931), in *Id.*, La filosofia politica, II. Da Kant a Comte, por L. Firpo, Roma-Bari 1974, 209 ss. (a que se referem os trechos entre aspas).

4. "A dignidade humana é inviolável" [*Die Würde des Menschen ist unantastbar*]: do liberalismo jurídico ao constitucionalismo do século XX. A resposta ao "mal absoluto" dos totalitarismos

Se considerarmos o percurso da reflexão filosófica sobre a dignidade humana, não espantará ver que depois do triunfo do liberalismo jurídico oitocentista, a dignidade perdeu muito daquele significado que recebeu tanta ênfase no pensamento do século XVIII, fundador de uma nova subjetividade, e de uma nova comunidade política. Para compreender essa passagem nosso discurso deve voltar um passo atrás. Temos de abordar os conflitos religiosos da idade moderna, o grande trauma da sociedade europeia que deu início ao percurso do liberalismo jurídico.[47] Em meio ao clima das guerras religiosas foi teorizada – sobretudo por Thomas Hobbes – a distinção entre uma esfera "interna" da subjetividade, coincidente com a liberdade de consciência, e uma esfera "externa", sujeita às pressões do poder estatal para assegurar a pacífica convivência entre os indivíduos. As divisões religiosas, portanto, enfatizaram a existência da esfera de liberdade interior (e pré-estatal) do sujeito; mas também contribuíram para limitar o poder de

---

[47] Destaco as teses de Jellinek, De Ruggiero e Laski, que discuti em P. Ridola, Diritti fondamentali. Un' introduzione, Torino, 2006, 66 ss.

coerção do Estado, que foi chamado a garanti-la sem qualquer distinção entre ortodoxia e heresia.[48] Ademais, com a consolidação da hegemonia burguesa, o reconhecimento de uma esfera pré-estatal de liberdade contraposta à "exterioridade" do ordenamento jurídico passou por uma verdadeira metamorfose. Essa hegemonia estabeleceu, de fato, as bases para a separação entre a esfera da moral e a do direito; também elevou a lei (exterior) à condição de instrumento técnico e neutro de decisão soberana. Consequentemente, converteu a legitimidade em legalidade, e fez transitar um sistema que era fundado na prevalência de um direito divino, natural ou até mesmo em forma pré-estatal, para um sistema de legalidade (e de coerção) baseado na proeminência do direito positivo.[49]

A ambígua posição da dignidade humana no contexto do liberalismo jurídico refere-se, portanto, à originária separação entre a esfera interna e a esfera externa da subjetividade que o liberalismo manteve intocada. O contexto era de transformação gradual – por causa da edificação do Estado nacional burguês – da liberdade "pelo" Estado em um princípio de ação dos poderes públicos. O originário entendimento de que o "foro interno" era o lugar natural e inviolável (e pré-estatal) da dignidade humana foi transformado: ao Estado coube essa posição. Reduziu-se, com isso, a liberdade do sujeito a uma categoria de direito subjetivo.[50] Compreende-se, desse modo, por quais razões a dogmática da subjetividade jurídica – que parte do pressuposto (envolvente) do reconhecimento do ser humano como sujeito de direito – reservou uma posição tão marginal para a dignidade humana no contexto do Estado de Direito do século XIX. De fato, muito embora a teorização sobre a existência de uma esfera privada contraposta à estatal – e desta "preservada" por um conjunto de "técnicas"

---

[48] Recomendo para esta passagem da história do debate filosófico sobre dignidade humana, C. *Enders*, op. cit., 220 ss. (que recomendo para referências pontuais ao pensamento hobbesiano).

[49] V. sobre isso as importantes notas de C. *Schmitt, Die Leviathan in der Staatslehre des Thomas Hobbes* (1938), Berlin 1982, 94 ss.

[50] V. ainda C. *Enders*, op. cit. 225 ss.

46 *Paolo Ridola*

de limitações de poder – ter conseguido estabelecer adequados espaços de liberdade jurídica e ter mantido o domínio do indivíduo sobre o mundo que o circunda,[51] aquela distinção fundamental entre lado interno e lado externo da subjetividade terminou por dissolver as características dialéticas (e opositivas) da dignidade, e isso por causa do dogma que atrelou o reconhecimento da subjetividade à garantia de uma lei geral. Em suma, a antiga esfera da liberdade pré-estatal e, em particular, aquela ideia do sujeito/ser racional capaz de dar leis a si mesmo – coessencial ao *a priori* kantiano da dignidade humana – converteu-se num complexo de garantias fornecidas por uma entidade soberana e externa à esfera da subjetividade: o Estado de Direito; exaurido num princípio neutro de atribuição de poderes públicos. Os direitos do indivíduo, assim, derivarão da subjetividade jurídica do Estado.[52]

A conclusão parece ser, realmente, que o tema da dignidade humana, na época do Estado liberal de direito, ficou em segundo plano; algo misturado à construção do sistema de legalidade formal. De um lado, o tema foi achatado pelo "individualismo possessivo", como também modelado pelo cimento da sociedade civil burguesa e "suas" liberdades fundamentais;[53] de outro, seu significado antropológico profundo foi obscurecido pelo compacto sistema de "neutralização" do legalismo de matriz liberal e pela completa confluência, na dogmática, das situações jurídicas subjetivas.

O "renascimento" do tema da dignidade humana, depois do seu parcial eclipse durante o século burguês ocorre, com clareza, no século XX, sob a pressão de di-

---

[51] Nesse sentido, e compatível com um forte acento do paradigma Kantiano da *Menschenwürde*, v. C. *Enders*, op. cit., 248 ss.
[52] V. ainda C. *Enders*, op. cit. 275 ss., 283 ss.
[53] Segundo a fórmula bastante familiar de G. B. *Macpherson*, Libertà e proprietà alle origini del pensiero borghese. La teoria dell'individualismo possessivo da Hobbes a Locke (1962), ediz. ital. por A. Negri, Milano 1973, 297 ss. Os itinerários constitucionais que prepararão a progressiva dissolução do vínculo inseparável entre individualismo possessivo e dignidade humana, são reconstruídos amplamente na fundamental obra de A. *Baldassarre*, Privacy e costituzione. L'esperienza statunitense, Roma 1974, passim e 361 ss.

versos fatores. Primeiro, como reação aos crimes do colonialismo que ecoaram na Europa; depois, ao trauma das guerras mundiais, com o número de vítimas, destruições e sofrimentos atrozes que elas geraram. Tudo isso contribuiu para destacar o problema do respeito à pessoa humana de uma nova perspectiva, e também para associar a dignidade humana à espécie humana e à preservação de um patrimônio indiscutível da humanidade, mais do que da individualidade da pessoa. Isso teve implicações e desenvolvimentos relevantes. Em primeiro lugar, porque para perseguir um objetivo assim, tão elevado, um direito que surgia exclusivamente dos limites impenetráveis da soberania estatal parecia ser um meio inadequado, sobretudo à luz da gravíssima responsabilidade que os Estados haviam acumulado nesses trágicos eventos da história do Estado nacional: todas essas ideias serão a base, a partir da Declaração Universal da ONU, de 1948, do esforço para colocar a dignidade humana sob a garantia de convenções – internacionais e regionais – de direitos humanos e, também, para criar um escudo protetivo supranacional às aspirações estabelecidas nas constituições nacionais. Em segundo lugar, a dimensão objetiva do tema da dignidade humana assumiu forte destaque, transpondo o plano da proteção do indivíduo – e da proteção de situações subjetivas – favorecendo, assim, o desenvolvimento da tese segundo a qual a dignidade não seria uma parte do conteúdo de um direito fundamental, mas a base sobre a qual todo o edifício constitucional estaria instituído, assim como todos os tipos de direitos fundamentais.

Por outra parte, a crise da ordem social burguesa e a articulação do tecido social geraram uma nova expressão do pluralismo, não só de tipo econômico e político, mas também no campo dos costumes, do estilo de vida de estratos culturais difusos, da formação das mentalidades e do gosto. Essa nova ordem plural suscitava novas demandas de liberdade e a geração de modos de vida fora dos esquemas sociais tradicionalmente transmitidos. Além disso, desenraizou o compacto universo social burguês e colocou com força, no centro do debate constitucional, o "direito de cada um ser ele mesmo". Desse modo, ao lado de uma concepção absoluta da dignidade, carregada de conteúdo de valores, entendida como um patrimônio da espécie humana, ou como um "dom" que o indivíduo recebe do Criador ou da natureza, abrem-se espaços para o delineamento de uma dimensão ulterior, mais estritamente relacionada com demandas de liberdade e, portanto, intrinsecamente neutra a respeito da validade das múltiplas concepções de mundo.

É preciso observar, além disso, que o tema da dignidade humana chega às constituições europeias a partir da primeira metade do século XX, muito em consequência da "questão social". O objetivo de adensar as constituições com princípios, de modo a oferecer respostas às novas demandas de justiça (de "liberação", antes, e de "liberdade", depois), tende a chamar a atenção para as conexões do tema da dignidade com o cenário das relações econômicas, na linha do princípio formulado emblematicamente pelo Art. 151 da Constituição de Weimar, segundo o qual "a ordem econômica deve se conformar aos princípios de justiça de modo a assegurar uma existência *digna* para todos". Não se pode negligenciar que o fundo cultural sobre o qual se estabeleceram tais referências constitucionais à dignidade foi o da crítica às contradições do liberalismo jurídico. A crítica, na verdade, se dirigia ao cerne da "questão" do liberalismo jurídico e procurava revelar seus problemáticos itinerários que, de sementes jusnaturalistas, fizeram brotar um juspositivismo estatalizante. Segundo Ernest Bloch, esse vínculo teria desvelado a face ambígua do jusnaturalismo e também o "mito" dos direitos inalienáveis quando um e outro foram calados num mundo em que "tudo é alienável": e, de fato, no século XIX, "a partir de seu direito natural, a burguesia em ascensão teria simplesmente idealizado a si mesma" para, depois, assim que chegou ao poder, apresentar com as armas do positivismo jurídico, um "antidireito natural". Essa teria sido a origem da instrumentalização de um equívoco dessa tradição jusnaturalista, em particular de orientação kantiana, qual seja, o de "cobrir" com a fórmula da dignidade humana o problema "real" das vias para realização da utopia social da "felicidade humana". A descoberta do século XX teria sido, ao contrário, a de que "não é possível haver dignidade humana sem liberdade econômica, nem esta última é possível sem o projeto dos direitos humanos", e que "a dignidade humana é impossível sem o término da necessidade, como também a felicidade do homem é impossível sem o fim de todas as formas de sujeição, antigas e novas".[54]

O quadro que foi aqui esboçado não estará completo se não for mencionado, outrossim, que a ênfase dada ao tema da dignidade humana pelas constituições europeias, a partir da segunda metade do século XX, foi a mais expressiva manifestação de repulsa às experiências mortificantes dos totalitarismos do século XX, bem como de genocídios e extermínios coletivos que as acompanharam. Contudo, os fundamentos do liberalismo do século XIX revelavam aporias também em relação a esse tema. Isso o pensamento filosófico do século XX se empenhou em demonstrar e esclarecer. Interrogando-se sobre as origens e fundamentos do "mal radical" dos totalitarismos do século XX, Hannah Arendt enfatizou o caráter de uma "absoluta e lógica coerência" que o distinguiria de outras experiências históricas já conhecidas – ou seja, de maldades já praticadas por soberanos – e que consistiria em "tornar supérfluo o ser humano, isto é, manter o gênero humano mas, a qualquer momento, ter a possibilidade de eliminar as suas partes".[55] Nisso residiria a "radicalidade" dos totalitarismos. É importante observar que, movendo-se por essa premissa, Hannah Arendt colocou em discussão, de modo radical, o paradigma kantiano da dignidade humana [*Menschenwürde*], fundado na contraposição entre o ser humano como meio e como fim. No "encontro

---

[54] Cfr. E. Bloch, Diritto naturale e dignità umana (1961), ediz. ital., por G. Russo, Torino, 2005, XI, ss.
[55] Assim, H. Arendt, Quaderni e diari. 1950-1973, Coord. de U. Ludz e I. Nordmann, ediz. ital., por C. Marazia, Vicenza, 23. Mas o tema foi desenvolvido por H. Arendt na clássica obra sobre Le origini del totalitarismo (1966), ediz. ital. por A. Martinelli, Milano 1989.

de duas pessoas, de dois fins em si", pode haver "o sujeito absolutamente isolado e despótico" que "não encontra um outro no mundo". Desse modo – prossegue Arendt: "o mundo é uma soma de meios; revelou-se um abismo que, para sempre, manterá os fins distantes uns dos outros". É exatamente aqui que se destaca a concepção kantiana da dignidade humana [*Menschenwürde*] já que

> A consideração e o respeito pela "dignidade humana" é como uma saudação impotente feita do outro lado de um abismo. O mal, em Kant, consiste em ser incapaz de oferecer essa saudação impotente a uma distância absoluta e, por isso, ou seja, pela vontade de realizar sem considerar os fins, pela revolta contra a própria impotência, conduzir o outro ao abismo dos meios, mundanizá-lo, dessubjetivá--lo e fazer dele um mero objeto da vontade.[56]

Não me cabe discutir em que medida a leitura arendtiana da concepção kantiana da dignidade, construída a partir da relação entre fins e meios – e que deixa entrever o possível êxito de uma concepção de subjetividade inteiramente fundada no instinto de opressão – esconde, ou não, condicionamentos de uma história trágica refletida emblematicamente numa pessoal experiência humana (e identitária). Não se pode dizer em que medida esses fatos foram, ou não, determinantes para instigá-la a revisar um capítulo decisivo do primeiro liberalismo jurídico com as lentes da ascensão do "mal radical" do totalitarismo. No entanto, se é difícil negar que o pensamento kantiano tenha sido uma das referências mais significativas do debate constitucional do século XX sobre a dignidade humana [*Menschenwürde*],[57] é notável, não obstante, que as constituições europeias do pós-segunda guerra expõem cicatrizes profundas de um clima cultural marcado pela severa recusa das experiências de aniquilação da dignidade humana.[58]

---

[56] Cfr. H. *Arendt*, Quaderni cit., 102.
[57] Recomendo, ainda, sobre isso à reconstrução de C. *Enders*, op. cit., 189 ss. 220 ss.
[58] V. a brilhante síntese histórica de M. *Flores*, Storia dei diritti umani, Bologna, 2008, 179 ss.

Cabe dizer, agora, algo sobre a ênfase – não sem implicações problemáticas – que essas constituições deram à "pessoa". Muito embora tenham sido frequentemente associadas entre si, por um lado, a inspiração personalista das constituições europeias do período pós-segunda guerra e, por outro, a reivindicação decidida de inviolabilidade à dignidade humana,[59] não se deve negligenciar que cada uma tem sua própria gênese cultural e que cada qual tem percorrido percursos de pensamento ligeiramente diferentes. Às vezes até antagônicos. Num panorama muito diversificado de posições, todo o movimento do pensamento personalista que percorreu a cultura europeia entre as duas guerras mundiais, estendendo sua influência para a segunda metade do século XX (J. Maritain, E. Mounier, M. Scheler, E. Stein, R. Guardini, M. Buber, N. Berdjaev, L. Pareyson, K. Wojtyla, P. Ricoeur, C. Taylor), parece estar unido na crítica radical ao pensamento da modernidade. Isso, porém, parece ter restringido e marginalizado – num progressivo e ininterrupto percurso que teve seu auge nos séculos XIX e XX – a riqueza de significados inerentes ao "ser-pessoa"; e justo numa época em que, paradoxalmente, a ideia dos direitos humanos começava a ver progressos notáveis. Nessa perspectiva, a "dignidade" humana aparece no pensamento personalista com uma conotação crítica, não só porque se movia a partir da premissa filosófica de que o valor atribuído à pessoa tem um caráter ontológico, do qual deriva a sua dignidade mas, em particular, por que sustentava que a crise das abordagens substancialistas teria impedido, no pensamento da modernidade, o desenvolvimento da dignidade humana a partir de um personalismo ontológico. A poderosa reflexão kantiana sobre a dignidade [*Würde*] humana, construída a partir da ideia de sujeito como *Selbstzweck*, ou seja, como fim "em si mesmo", assim como, por outro lado, a filosofia idealista – que na consideração do sujeito privilegiou a "atividade"

---

[59] V. por ex., na doutrina italiana mais recente, *M. Di Ciommo*, verbete "Dignità umana", in *S. Mangiameli* (por), Diritto costituzionale. Dizionario tematico, Milano 2008, 389 ss; M Ruotolo, Appunti sulla dignità umana, aguardando publicação nos "Studi in onore di F. Modugno", 2 ss (do texto datilografado)

do pensamento a respeito da "substancialidade" – foram unificadas pela crítica: a primeira (kantiana) por ser de tipo essencialmente finalístico; a segunda (idealista), por ser essencialmente atualista. Segundo a crítica, isso teria levado a uma crise progressiva do ontologismo; e também da concepção substancialista ("em si" e não "por si") da pessoa.[60] Muito embora não se possa negar que, a partir das sugestões do pensamento personalista e do "humanismo marxista" as constituições das democracias pluralistas do século XX tenham formulado importantes diretrizes para a expansão dos direitos fundamentais – com destaque, por exemplo, para os limites da autonomia privada[61] e para os direitos sociais[62] – também é notável que o excesso de ontologismo gerou problemas de compatibilidade entre o "princípio pessoa" e o "princípio liberdade", nem sempre facilmente solucionáveis, sobretudo no interior de sociedades plurais desestruturadas e marcadas por fraturas identitárias evidentes, como são as contemporâneas. Ocorre, portanto, que tudo isso tornou ainda mais árdua, em relação ao paradigma kantiano do ser humano como "fim em si mesmo", a relação entre a dignidade do ser humano e a liberdade. Não espanta, portanto, que na cultura constitucional americana contemporânea o juízo crítico à carga ideológica (ou axiológica) das constituições europeias – e da Constituição [*Grundgesetz*] da Alemanha em particular – haja levado a uma posição cética até mesmo quanto ao uso da fórmula da "dignidade" humana, justamente pelo risco de convertê-la numa espécie de cavalo-de-troia que introduz, nos círculos deliberativos da democracia libe-

---

[60] Sem poder dar aqui nem mesmo uma breve bibliografia, remeto ao recente quadro muito sugestivo (e muito "simpático") do personalismo, traçado por V. *Possenti*, op. cit. passim espec. 17 ss.

[61] V. na abundante literatura, pelo menos G. *Piepoli*, Tutela della dignità e ordinamento della società secolare in Italia, em "Studi in onori di Nicolo Lipari", Milano 2008, 2.272 ss; G. *Resta*, La disponibilità dei diritti fondamentali e i limiti della dignità, em "Riv. Dir. Civ." 2002, 819 ss.

[62] V. a propósito, para uma robusta reconstrução dogmática da relação entre dignidade e direitos sociais, I. W. *Sarlet*, Dignidade da Pessoa Humana e Direitos Fundamentais, VII ed., Porto Alegre, 2009, 85 ss.

ral, concepções de mundo hegemônicas e próprias de um dado momento histórico da sociedade. É difícil negar que o debate estadunidense ilumina um problema real, que se torna mais nítido quando a dignidade humana é colocada num pedestal muito elevado e se separa da dinâmica da liberdade e dos direitos constitucionais. Desse debate emerge, por exemplo, a crítica quanto ao uso da fórmula da dignidade humana para justificar, sobretudo no campo da bioética, posições conservadoras (o que foi eficazmente definido como "o argumento do assassino" [*the killer argument*];[63] mas também fornece elementos para ver uma divergência ainda mais profunda (e menos ligada a controvérsias contingentes) da cultura constitucional. Tem-se observado que a discussão americana sobre a recusa da fórmula da "dignidade", vista como muito abrangente, funda-se no pressuposto de que a reivindicação de respeito pela liberdade individual seja, por si só, uma razão suficientemente robusta e que "a dignidade nada acrescenta, na realidade apenas confunde e obscurece as ideias claramente transmitidas pelo princípio do respeito à autonomia" [*dignity adds nothing to, and in fact casts a confusing haze over, the ideas clearly conveyed by the principle of respect for autonomy*].[64] E tem sido afirmado, outrossim, que no pensamento constitucional norte-americano é o princípio da liberdade [*liberty*] que desfruta da posição preferencial que a dignidade humana assumiu no ordenamento constitucional [*Grundgesetz*] germânico, ou mesmo na Carta dos Direitos Fundamentais da União Europeia, que a posicionou como *primus inter pares* em face de seus valores básicos. Ao princípio da liberdade [*Liberty*] relacionam-se, de fato, a autodefinição de si mesmo [*Self Definition*], a independência [*Independence*] e a responsabilidade pessoal [*Personal Responsability*], frequentemente reclamados pela cultura jurídica europeia nas questões que envolvem a dignidade humana. No horizonte constitucional estaduni-

---

[63] V. N. Bostrom, Dignity an Enhancement, in "Human dignity and Bioethics", Coord. President's Council on Bioethics, Washington 2008, 173 ss.
[64] Cfr. F.D. Davis, Human Dignity and Respect for Persons: A Historical Perspective on Public Bioethics, in "Human Dignity and Bioethics", cit., 20.

dense, em definitivo, a dignidade significa o direito de escolha [*Dignity means the right to choose*], enquanto que, no europeu, muito condicionado pela contribuição da cultura germânica, a autonomia da pessoa tende a ser reconhecida como apenas um aspecto da dignidade humana, com a consequência de que a dignidade impõe obrigações como também confere liberdade [*Dignity imposes obligations as well as endows freedom*].[65] Diante de posições assim tão radicais no campo teórico, vale observar que a jurisprudência da Suprema Corte dos Estados Unidos parece seguir uma linha de cuidadosa abertura para a recepção do princípio da inviolabilidade da dignidade humana, por via do recurso, sempre muito controverso na tradição daquele órgão, da comparação com outros ordenamentos.[66]

---

[65] Assim E.J. Eberle, Dignity and liberty: constitutional visions in Germany and in the United States, Westport 2002, 151 ss.

[66] Refiro-me em particular à jurisprudência em matéria de penas particularmente cruéis ou inusitadas: nela, as diretrizes sobre *Versteinerung* da interpretação constitucional (cfr. e esp. *US Supreme Court, Ford v Wainwright*, 477 US 399 (1986): *"There is now little room for doubt that the Eighth Amendment's ban on cruel and unusual punishment embraces, at a minimum, those modes or acts of punishment, that had been, cruel and usual at the time that the Bill of Rights was adopted"*) abriram caminho para uma maior abertura no campo interpretativo: v. *US Supreme Court, Trop v. Dulles*, 356 US (1958) (*"The basic concept underlying the Eighth Amendment is nothing less than the dignity of the man... The Amendment must draw its meaning from evolving standards of decency that mark the progress on a maturing society"*); mas, sobretudo, a notável sentença *Atkins v. Virginia* de 2002 (*"Moreover, within the world community, the imposition of the death penalty for crimes committed by mentally retarded offenders is overwhelmingly disapproved"*).

5. A dignidade humana como valor inviolável e a liberdade de autodeterminação. O debate constitucional na Alemanha

No panorama das constituições europeias do segundo pós-guerra destaca-se, em particular, a *Grundgesetz (GG)*, ou seja, a Lei Fundamental da Alemanha, de 1949, que já no início de seu texto proclama solenemente a inviolabilidade da dignidade humana (Art. 1 Abs I "A dignidade humana é inviolável. Respeitá-la e protegê-la é dever de todas as autoridades de Estado) [Art. 1 *Abs* I: *"Die Würde des Menschen ist unantastbar. Sie zu achten und zu schützen ist Verpflichtung aller staatlichen Gewalt"*].[67] Tem sido observado que o uso do modo indicativo confere à formulação textual da norma um caráter lapidar e que, também, a recusa de formulá-la a partir da tradicional contraposição entre ser e dever ser contribui para enfatizar a repulsa a

---

[67] Sobre a origem e sobre a fundamentação do Art. 1 *Abs*. I GG v., pelo menos, na quase esgotada literatura, *C. Starck, sub* Art, in H. v. Mangoldt-F. Klein-C. Starck, Das Bonner Grundgesetz, I, München 1999, 32 ss; A. Podlech, sub Art. 1 Abs I, in, "Grundgesetz. Alternativkommentar", I, II, ed., Neuwied 1989, 199 ss., E Benda, Menschenwürde und Persönlichkeitsrecht, in *E. Benda-W. Maihofer-H. J Vogel, Handbuch des Verfassungsrechts I, II ediz. Berlin-NewYork, 1995, 161 ss.*, K. Stern, Das Staatsrecht der Bundesrepublil Deutschland, III/1, Müchen 1998, 6 ss. H. Dreier, Sub Art. 1, in H Dreier (Herausg.). Grundgesetz. Kommentar, I, Tübigen 1996, 90 ss.; *D. Schefold*, La dignità umana, in *S.P. Panunzio* (por), I costituzionalisti e la tutela dei diritti nelle Corti europee, Padova 2007, 53 ss; *P. Häberle*, Cultura dei diritti e diritti della cultura nello spazio costituzionale europeu. Saggi, Milano 2003, partic. 49 ss.; *H. Hofmann*, La promessa della dignità dell'uomo. La dignità dell'uomo nella cultura giuridica tedesca (1993), em "Riv. intern. fil. dir." 620 ss.

tantas e recorrentes experiências de violação à dignidade humana: o modo indicativo do dispositivo do GG deve ser compreendido, portanto, não em perspectiva descritiva, mas como imperativo categórico.[68] Essa opção de caráter textual também teria sido adotada para conferir ao princípio constitucional uma peculiar latitude de significados. Tratava-se, em síntese, de adotar, não uma norma geral de fechamento do catálogo dos direitos fundamentais, mas uma norma de abertura destinada a fundamentar todo o sistema constitucional, ao qual se confiou o papel de traçar as linhas e de emoldurar a superação da experiência da ditadura nacional-socialista, bem como tudo o que ela comportou de instrumentalização totalizante do indivíduo e de sistemática violação do *standard* humanitário. É significativo que na primeira versão do texto, originalmente formulado pela Convenção Constitucional [*Verfassungskonvent*] ocorrida na localidade de Herrenchiemsee, a proclamação da inviolabilidade da dignidade humana [*Menschenwürde*] devia ser precedida por um princípio que colocaria o Estado a serviço do homem e não o contrário (O Estado existe para o bem do homem, e não o homem para o bem do Estado) [*"Der staat ist um des Menschen willen da, nicht der Mensch um des staates willen"*]. Essa fórmula de abertura da Constituição foi descartada mais tarde, muito embora seus ideais tenham permanecido na jurisprudência do Tribunal Constitucional Federal [*Bundesverfassungsgericht*], seja como formulação, seja em repetidas menções. Já o princípio relativo à dignidade humana [*Menschenwürde*], com sua posição e formulação, teve seu alto grau de abstração mantido para garantir a mais ampla extensão possível de seus efeitos.[69] Se não se tem presente esse propósito originário dos constituintes [*Verfassungsväter*], então fica difícil compreender os problemas peculiares que derivam dessas circunstâncias, ou

---

[68] Assim, J. Isensee, Menschenwürde: die säkulare Gesellschaft auf der Suche nach dem Absoluten, in "AöR", 2006, 173 s.

[69] Sobre a *Entstehungsgeschichte* do Art. 1. *Abs.* I da Lei Fundamental v., como primeiras indicações, *H. Dreier*, op. cit., 98 s. *Amplius* v. ora *P. Häberle* (por), *Entstehungsgeschichte* der Artikel des Grundgesetz (reimpressão de "JöR" 1, 1951), Tübingen 2010, 48 ss.

seja, os problemas de interpretação da norma constitucional e de seu enquadramento dogmático, haja vista que essa história recente e fortemente traumática, tem gerado um desejo de conter, sem hesitação, quaisquer novas práticas que possam estar associadas àquelas experiências de morticínio e de aniquilação humana por um Estado totalitário. A superior força de impacto sistêmico da inviolabilidade da dignidade humana, enquanto norma de grau não só superior, mas absolutamente preferencial nas suas múltiplas e pontuais aplicações na constelação de casos e situações particulares tem, de fato, representado, em muitos aspectos, um tema problemático e fonte de controversas interpretações. E isso não só, e nem tanto, pelo risco de um uso inflacionado do dispositivo constitucional, mas porque, em primeiro lugar, tais constelações de concretas situações de risco à dignidade humana têm continuamente dado margem a tensões e conflitos com alguns direitos fundamentais; e porque, em segundo lugar, no contexto de sociedades em que convivem múltiplas concepções de mundo, o nível de abstração dessa norma pode gerar um arco indiscriminado de concepções éticas particulares ou, ao contrário, pode ser um fator de atenuação da neutralidade ética do Estado.[70]

A mais completa tentativa de reconstrução do princípio da inviolabilidade da dignidade humana [*Unantastbarkeit der Menschenwürde*] coerente, tanto na amplitude de suas potencialidades de desenvolvimento, quanto em suas implicações com as inspirações de fundo e motivações históricas da Lei Fundamental da Alemanha [*Grundgesetz*], de 1949, deve-se a Günther Dürig. Ele parte da premissa de que a força vinculante de uma constituição radica num sistema de valores e que, dentre esses, tem posição prioritária, no sistema da Lei Fundamental, a dignidade humana. Dada a sua recepção pela Constituição, esse valor se transferiu do plano ético para o do direito constitucional

---

[70] Ver as notas sintéticas, mas profundas de H. *Dreier*, op. cit., 101 ss. Sobre os nós problemáticos da neutralidade ética do Estado v., também para o exame de alguns casos particulares controvertidos, S. *Huster, Die ethische Neutralität des Staates*, Tübingen 2002, 127 ss.

positivo sem perder, por isso, o significado de fundamento ideal metapositivo.[71] Tal imprescindível ligação com um fundamento de caráter ético faz com que o significado do princípio deva ser apreciado também nessa dimensão objetiva, a qual vai além (e é independente) da hipótese de um sujeito "portador" de valores. Se, portanto, o Art. 1. *Abs.* I *GG* empresta à dignidade humana uma proteção absoluta não só nos confrontos com os poderes públicos, mas também com os privados, com as formações sociais e com outros Estados, é por causa da sua posição como norma suprema do ordenamento constitucional, e porque irradia seus efeitos sobre indivíduos singulares sem se reduzir ao plano das situações jurídicas subjetivas. A inviolabilidade da dignidade humana, enquanto princípio supremo que informa todo o ordenamento jurídico não configuraria, em vista disso, nem um direito fundamental, destinado a conviver e a coordenar-se com outros reconhecidos pela Constituição, nem uma cláusula de fechamento do catálogo dos direitos fundamentais [*Grundrechte*], chamada a operar naqueles casos em que o âmbito de proteção [*Schutzbereich*] dos demais direitos correria o risco de não receber proteção adequada.[72]

Dessa concepção objetiva e absoluta da inviolabilidade da dignidade humana extrai-se, em primeiro lugar, que ela constitui o fundamento, não apenas do sistema de

---

[71] Neste sentido v., no quadro de uma complexa revisão da concepção de Dürig sobre a *Menschenwürde* no contexto de sociedade secularizada, J. Isensee, Menschenwürde, cit. 175 ss. (ver também as referências às influências jusnaturalistas presentes nos *Verfassungsväter del Grundgesetz*, assim como nas Constituições europeias do pós-segunda guerra).
[72] Cfr. G. Dürig, Art. 1 Abs. I in T. Maunz-G. Dürig (Herausg.), Grundgesetz, München 1958, 3 ss. Para a tese contrária v. T. Nipperdey, Die Würde des Menschen, in F Neumann-T. Niperddey-U.Scheuner (Herausg.), Die Grundrechte, II Berlin 1956, 11 ss. Para mais desenvolvimentos e detalhes da reconstrução de Dürig v. ainda Id., Gesammelte Schriften (1952-1983), por W. Schmitt Glaeser, P. Häberle e H. Maurer, Berlin 1984, 127 ss. Entre os autores contemporâneos de Dürig que contribuíram de modo mais significativo para a elaboração da concepção absoluta da *Menschenwürde* v. J. M. Wintrich, Die Bedeutung der "Menschenwürde" für die Anwendung des Rechts, in "BayVBl.", 1957, 137ss. Mais recentemente, sobre "significado extraordinário" do princípio da inviolabilidade da dignidade humana, que não permite a aplicação dos critérios hermenêuticos e aplicações rotineiras para as "normas constitucionais ordinárias", v. J. Isensee, op. cit., 174.

direitos constitucionais fundamentais [*Grundrechte*], mas também de todo o ordenamento de valores que embasam a Lei Fundamental; e, em segundo lugar, que a proteção absoluta que tal princípio reivindica tem como objeto não o indivíduo concreto e singular, mas o ser humano na sua dimensão antropológica. O princípio constitucional, portanto, aludiria não a uma proteção individualizada e concreta, mas a uma complexa imagem do ser humano que a norma constitucional pretenderia preservar de modo absoluto: aquela em razão da qual – observa Dürig – cada ser humano, por causa dos atributos próprios de sua espiritualidade, destaca-se em relação às demais criaturas, e que o fazem capaz de decidir autonomamente, de se autodeterminar, de ser consciente de suas próprias ações e de conformar o ambiente que o circunda.[73] Nessa definição da imagem do ser humano dotada de uma qualidade inviolável da sua dignidade não é difícil perceber o elemento de contradição já antes referido, e sempre presente nos controversos itinerários da interpretação do princípio constitucional e em algumas significativas passagens jurisprudenciais:[74] precisamente a aporia implícita na alternativa entre a dignidade como "dom" humano natural (Teoria do dom) [*Mitgiftstheorie*] ou como "produto" de uma prestação da subjetividade e como conquista de um itinerário pessoal de formação da própria identidade (Teoria do desempenho) [*Leistungstheorie*].[75] Dürig parece contornar o obstáculo dessa aporia já que para ele o caráter absoluto da dignidade humana prescinde tanto da concretização de cada individualidade, quanto da temporalidade

---

[73] Cfr. G. *Dürig, sub* Art. 1 Abs. I, cit. 11 ss.

[74] No debate doutrinário sobre o Art. 1 Abs. I *GG* a reconstrução mais precisa e aprofundada é devida a monografia fundamental de C. Enders, op. cit., passim e 377 ss. Para um quadro da jurisprudência do Bundesverfassungsgericht v D. Hömig, Menschenwürdeschutz in der Rechtsprechung des Bundesverfassungsgericht, em R. Gröschner-O. W. Lembcke (Herausg.), Das Dogma der Unantastbarkeit, Tübingen 2009, 25 ss.

[75] Sobre a distinção v. *H. Dreier*, op. cit., 105. Sobre a *Leistungstheorie* espelhada na elaboração dürigiana v. *N. Luhmann*, Grundrechte als Institution, Berlin 1965, 68 ss.

da existência humana.[76] O reconhecimento da dignidade humana ultrapassa, portanto, o tema do momento em que a concreta individualidade do ser humano se traduz em uma subjetividade de direito e se estende, em razão de sua incondicionalidade, para além dos limites do nascimento e da morte. Assim, tanto quem foi concebido "por seres humanos" quanto quem já "foi ser humano" participa igualmente da dignidade. As tentativas de circunscrever a inviolabilidade à concreta capacidade de uma experiência de vida espiritual desconheceria "a projeção existencial [*Geworfenheit*] do ser humano no fluir irracional da espécie humana".[77] Percebem-se as implicações dessa premissa, certamente problemática, embora evidentemente condicionada pela recusa da experiência aniquiladora e da política eugênica do nazismo. Elas conduziram Dürig a delinear uma versão amplíssima do preceito constitucional, cujo âmbito de proteção se estenderia a pessoas com *deficiências* ou com graves deformidades, cuja qualidade de seres humanos não autorizaria seu "extermínio [*Vernichtung*]" fundado no argumento de que, naquelas condições, "não valeria à pena viver [*Lebenswert*]". O mesmo se diga dos efeitos sobre o nascituro. Já no momento da sua concepção teriam a substância do núcleo essencial da personalidade; também os cadáveres, já que os tratamentos exigidos pela pesquisa médica, para serem compatíveis com a dignidade humana [*Menschenwürdig*] teriam um sério limite na prevalência do direito de autodeterminação, que é direito expressamente estabelecido na ordem constitucional e, por isso, fadado a repercutir para além da morte, isto é, sobre o direito "secundário" dos vivos de decidirem.[78]

A referência à liberdade de autodeterminação, portanto, longe de circunscrever o âmbito de proteção da dignidade humana apenas ao campo da *dignitas* que o indivíduo merece por causa das suas prestações subjeti-

---

[76] Sobre a distinção entre os dois aspectos v. a revisão do debate proposto recentemente por W. *Brugger*, Menschenwürde im anthropologischen Kreuz der Entscheidung, in "JöR", 56, Tübingen 2008, spec. 111 ss.
[77] Assim G. *Dürig*, op. ult. cit., 13.
[78] Cfr. G. *Dürig*, op. ult. cit., 14 s.

vas, contribui, ao contrário, para realçar que a dignidade é *Würde*, isto é, vocábulo que remete ao étimo de um "vir-a--ser" [*Werden*] destinado a realizar-se, independentemente da vontade do sujeito: essa é, de fato, precisamente, uma qualidade natural, que independe da livre determinação do indivíduo, e que contribui para evidenciar ainda mais a sua dimensão antropológica, mesmo que essa seja somente potencial ou que já esteja exaurida na concretude da temporalidade existencial.[79] Parece difícil negar, todavia, que na concepção de Dürig o perfil de uma inviolabilidade inextricavelmente conexa a um dom [*Mitgift*], ou seja, a uma qualidade natural do ser humano, assume uma importância tão absorvente em relação ao desempenho [*Leistung*], ou seja, em relação à liberdade de autodeterminação, que pode até comportar o sacrifício desta última. É emblemática, nesse contexto, a posição assumida por Dürig em relação à questão da inseminação heteróloga, em relação à qual, como se sabe, confrontam-se "direitos", a princípio, de diversos sujeitos (do pai, da mãe, do doador e do filho). Não obstante, a radical contrariedade dessa prática com a dignidade humana é sustentada com base numa concepção abstrata e absoluta, ou seja, sem dar nenhum relevo ao aspecto da eventual liberdade de escolha dos sujeitos envolvidos. E, de fato, o *vulnus* da dignidade humana se perfilaria tanto em relação ao pai, degradado por uma "entidade substituível", até mesmo no caso de um doador não anônimo, mas escolhido pelos cônjuges, quanto em relação à mãe, afetada pela intercambialidade da relação conjugal; já o filho, este também seria ferido no seu direito de conhecer a própria origem.[80] Ademais, do caráter absoluto da inviolabilidade deriva também a amplitude de implicações que envolvem – apenas para mencionar os exemplos mais significativos – o extermínio em massa e o genocídio, a aplicação de penas particularmente duras e cruéis, (como as aplicadas com instrumentos de coerção da liberdade moral e psíquica), a proteção da in-

---

[79] Sobre o significado etimológico da distinção entre *dignitas* e *Würde* v. P. Kunzmann, op. cit., 22 ss.
[80] Cfr. G. Dürig, op. ult. cit., 19 s.

timidade, a proibição de medidas de degradação moral e lesivas da honra, o ônus da prova "em processos penais e, até mesmo, a segurança de um "mínimo existencial" no campo das condições econômicas e de vida.[81] O largo e significativo impacto da teoria da dignidade humana [*Menschenwürde*] de Dürig na jurisprudência constitucional alemã se compreende bem se se tem presente a intrínseca ambivalência da assim chamada fórmula do objeto [*Objektformel*] por ela contemplada,[82] ou seja, a inexaurível amplitude de aplicações em favor de seres humanos concretos "o humano concreto [*Konkreter Mensch*]", em todas as situações em que são reduzidos a objetos da coletividade (*"zum Objekt des Kollektivs"*) e – para retomar uma formulação ainda mais figurativa – quando são reduzidos a *coisa* ("Degradação do ser humano a coisa" [*Degradierung des Menschen zum Ding*], e a mero instrumento da ação do poder estatal.[83] Por outro lado, é uma teoria que oferece uma imagem do humano (*Menschenbild*) que transcende os limites da individualidade do sujeito. A clara preferência pela dimensão objetiva da inviolabilidade da dignidade humana, em relação ao sistema dos direitos constitucionais fundamentais [*Grundrechte*], no qual as dimensões individual e de ordenamento foram elaboradas para coexistir e se harmonizar dialeticamente[84] deriva, sobretudo, da adesão a uma imagem do ser humano [*Menschenbild*] particularmente influenciada pelo personalismo de base ontológica.[85] Isso motivou a reconstrução de todo o arranjo da Lei Fundamental da Alemanha [*Grundgesetz*] como representativa da tendência de superar uma concepção do

---

[81] Para essa exemplificação v. *G. Dürig*, op. ult. cit., 15 ss.

[82] Ver, dentre as mais significativas aplicações jurisprudenciais da *Objektformel*, BVerfGE, 9,89; 27,1; 28,386; 45, 187; 50, 166; 87,209. Para um balanço crítico dessa jurisprudência v. *M. Herdegen*, sub Art. 1 Abs. I, in *T. Maunz-G. Dürig* (Herausg.), Grundgesetz. Kommentar, Lieferung 43, München 2003, 20 ss.

[83] Cfr. *G. Dürig*, op. cit., 14 ss.

[84] A obra que ofereceu uma reconstrução sistemática do *Doppelcharakter* dos direitos fundamentais na experiência do *Grundgesetz* alemão é a de *P. Häberle*, Die Wesensgehalt der Grundrechte, II ediz., Heidelberg 1983.

[85] Sobre a influência do personalismo na *Grundgesetz* v. *U. Palm*, Die Person als ethische Rechtsgrundlage der Verfassungsordnung, in "Der Staat", 2008, 41 ss.

ser humano como uma entidade autônoma e fechada em si mesma. Invocando o precedente do Art. 100 da Constituição de *Land* da Baviera ("Dignidade da personalidade humana" [*Würde der menschlichen Persönlichkeit*], Dürig observa que ali o termo "personalidade", tão impregnado de significado axiológico, contribui para deixar ainda mais clara a recusa a uma concepção "desbotada [*Farblos*]" de ser humano e inspirada por um atomismo individualista. O uso dessa terminologia, portanto, nada tinha de casual, segundo Dürig, já que expressava não só a superação do tema liberal relativo a uma abstrata contraposição entre indivíduo e Estado, mas também se abria para o multivariado tecido interestatal [*Zwischenstaatlich*] de relações nas quais se desenvolve a personalidade. Aprofundando ainda mais o discurso, Dürig captou nessa terminologia um indício da secularização de conceitos teológicos plenos de conteúdo ontológico, depois transformados em conceitos da doutrina do Estado e com significado derivado da concepção axiológica incorporada por aquela doutrina. Muito embora o preceito constitucional da dignidade humana não contenha uma expressa referência textual à "pessoa", isso seria recuperado, com importantes implicações sistemáticas, pelo Art. 2.1. *GG*, ao qual seria confiado, por um lado, a tarefa de abrir o catálogo dos direitos constitucionais fundamentais [*Grundrechte*] a partir do reconhecimento de um direito geral ao livre desenvolvimento da personalidade [*Freie Entfaltung der Persönlichkeit*] e, por outro, a de marcar sua conexão com a inviolabilidade da dignidade humana.[86] Ademais disso, se o preceito constitucional à dignidade contém, não a garantia a um direito fundamental, mas uma "norma de direito objetivo",[87] isso não apenas ressaltaria sua preferencial natureza valorativa mas, também – livrando-a de uma declinação estritamente individualista – revelaria uma nova dimensão da relação entre a pessoa e a comunidade. A recusa das experiências trágicas de completa anulação da pessoa num coletivo to-

---

[86] Para o desenvolvimento desta tese G. Dürig, Die Menschenauffassung des Grundgesetz (1952), in *Id.*, Gesammelte Schriften, cit, 27 ss.
[87] Cfr. G. *Dürig*, op. ult. cit., 30.

talizante não poderia resultar, portanto, num retorno ao individualismo, como desdobramento de uma completa neutralidade de valores [*Wertneutralität*] da Constituição mas, ao contrário, significaria que a imagem do ser humano incorporada à Lei Fundamental não seria a do tipo autorreferencial, ou seja, a de um indivíduo concebido como soberano absoluto em seu isolamento; seria, antes, uma imagem relacional, ou seja, uma imagem de uma pessoa com vínculos comunitários (relacionalidade/conexão comunitária) [*Gemeinschaft Bezogenheit/Gemeinschaftsverbundenheit*] que, não obstante, não tocam o valor próprio [*Eigenwert*] da pessoa.[88]

---

[88] Assim, G. *Dürig*, sub Art. 1 Abs. I, cit., 23 s., parafraseando uma das primeiras decisões históricas do Tribunal Constitucional Federal: cfr. BVerfGE, 4, 7 (*Investitionshilfurteil*).

6. A relação com os direitos fundamentais. A inviolabilidade da dignidade humana à prova das ponderações e do *balancing test*

Nos sucessivos desenvolvimentos do debate constitucional, a concepção "absoluta" da inviolabilidade da dignidade humana [*Menschenwürde*], embora claramente majoritária, foi contrastada por outras propostas teóricas.[89] Merece destaque, sobretudo, a já mencionada "teoria do desempenho [*Leistungstheorie*], que revisou a essência da dignidade humana apoiando-se na ideia de construção de uma identidade própria e autônoma e partindo de uma perspectiva da personalidade centrada na autodeterminação.[90] Segundo essa perspectiva, a dignidade seria o produto de uma "conquista" de cada ser humano, o resultado de um desempenho da subjetividade e de um percurso de formação da identidade. Mais recentemente foi proposta a assim chamada Teoria da Comunicação [*Kommunikationstheorie*], também sob a influência da formulação da cláusula da dignidade humana [*Menschenwürde*] em algumas novas Constituições dos *Länder* orientais, as quais afirmaram seu significado como princípio basilar de um tecido de relações sociais, com base no qual cada um

---

[89] Para um quadro completo, ver, W. Brugger, Menschenwürde im anthropologischen Kreuz der Entscheidung, in "JöR", 56, 2008, 95 ss.
[90] Ver, N. *Luhmann*, Grundrechte als Institution, IV, ediz., Berlin 1999, 60 ss. A teoria luhmanniana reporta-se a *A. Podlech*, op. cit., Rdnr. 37.

deve "reconhecer" a dignidade de seu próximo.[91] Essa teoria recomenda construir o princípio da inviolabilidade da dignidade humana a partir do respeito recíproco na esfera relacional e comunicativa e sob a hipótese do reconhecimento do valor social de cada indivíduo. Nessas bases, o preceito constitucional apareceria como norma, como "promessa" fundante de uma comunidade.[92] Nessas posições, que inovaram profundamente a discussão sobre o tema e abriram novas possibilidades no âmbito aplicativo, coexistem abordagens diferentes: uma delas tende a valorizar a capacidade de integração da cláusula da dignidade humana, sobretudo, por causa da sua propagação como "princípio estruturante" do estado social;[93] a outra, tende a saltar da justificação assentada num contexto ordenado de relações sociais para buscar apoios e *standards* normativos mais seguros do que os oferecidos pelas concepções absolutas, muito condicionadas, segundo seus críticos, pelo preconceito de um fundamento metapositivo do preceito constitucional.[94] Talvez essa seja uma crítica muito radical, como bem notou Böckenförde. Se é verdade que a concepção "substancialista" da dignidade humana alude a um fundamento que "precede" o direito positivo, e também à ideia de que o direito constitucional positivo recepcionou um valor moral fundamental enraizado na história espiritual da Europa, seria errôneo carimbar isso tudo como mera herança de visões inspiradas no jusnaturalismo, ou mesmo viciadas em ontologismo (a dignidade humana

---

[91] Cfr. Art. 7 da Constituição do *Land* de Brandenburgo.

[92] Ver, para essa reconstrução, H. *Hofmann*, Die versprochene Menschenwürde (1993), in *Id.*, Verfassungsrechtliche Perspektiven. Aufsätze aus den Jahren 1980-1994, Tübingen 1995, 117 ss. La *Kommunikationstheorie* di Hofmann é seguida por H. *Dreier*, op. cit. Rdnr. 53.

[93] Ver sobre isso E. *Eichenhofer*, Sozialrechtlicher Gehalt der Menschenwürde, in R. *Gröschner-O. W. Lembcke* (Herausg.), Das Dogma der Unantastbarkeit, cit., 215 ss; H. *Otto*, Diskurs über Gerechtigkeit, Menschenwürde und Menschenrechte, in "JuristenZeitung", 2005, 473 ss.; H.M. *Heinig*, Menschenwürde und Sozialstaat. Genesen-Grammatiken-Grenzen, in P. *Bahr-H.M. Heinig* (Herausg.), op. cit., 251 ss.; J. *von Soosten*, Neubau der Sittlichkeit. Menschenwürde und Sozialstaat, ivi, 297 ss.

[94] Ver a propósito, o balanço crítico da discussão traçado por D. *Schefold*, op. e loc. cit.

[*Menschenwürde*] como uma espécie de ("ideia platônica"). Ao contrário, as concepções absolutas movem-se a partir da consciência de que o direito positivo não pode se isolar de seu contexto histórico-político. Assim, a dignidade humana [*Menschenwürde*] seria, precisamente, um conceito já formado no plano filosófico, com profundas raízes na tradição cristã e no iluminismo, e depois transferido para o campo jurídico pelo direito constitucional e, assim, convertido em princípio normativo.[95]

É mérito dessas novas abordagens reconstrutivas o fato de terem dado ênfase – em confronto com a abordagem mais estática das concepções absolutas – a um perfil dinâmico da dignidade humana, ou seja, a dignidade como resultado de um processo de autorrealização do sujeito ou de processos de reconhecimento recíproco. Elas também contribuíram para mudar o *focus* da discussão para controvertidas questões singulares, destacadamente as relativas à extensão dos efeitos do preceito constitucional à fase pré-natal e à fase *post mortem*. Está bem claro que ao adotar a premissa da dignidade como conquista derivada de um processo de autorrealização que resulta num tecido de relações comunitárias de reconhecimento se perde, definitivamente, a possibilidade de utilizar o preceito com referência ao embrião ou ao nascituro, assim como se perde a oportunidade de proteger o ser humano depois de sua morte (com referência, por exemplo, a tratamentos ou experiências com finalidade terapêutica ou mesmo à difusão de imagens), o que não exclui, porém, que o respeito à fase pré-natal ou à fase *post mortem*, assim como, sob outros aspectos, a proteção do sujeito incapaz de autodeterminação, não possam encontrar fundamento em outros bens constitucionais protegidos e também efetivação por meio de correspondentes obrigações estatais de

---

[95] Ver neste sentido, uma profunda e argumentada defesa da concepção dürigiana in E. W. *Böckenförde*, Recht, Staat, Freiheit. Studien zur Rechtsphilosophie, Staatstheorie und Verfassungsgeschichte. Erweiterte Ausgabe, Frankfurt a.M. 2006, 407 ss., e spec. 415 ss; como também *Id.*, Menschenwürde als normatives Prinzip, in *JuristenZeitung*, 2003, 809 ss. Mas ver ainda, sobre o percurso da "secularização constitucional" da *Menschenwürde*, *J. Isensee*, op. cit., 199 ss.

proteção.⁹⁶ Realmente, o repensar crítico das concepções absolutas da dignidade humana surgiu das dificuldades de ajustar a passagem de um plano geral, o do fundamento antropológico das Constituições, para a solução de questões particulares, tais como: o aborto, que contrapõe emblematicamente o direito de autodeterminação da mãe à proteção jurídica do nascituro; a fecundação extracorpórea; a inseminação artificial; o cultivo de embriões; as manipulações genéticas dos processos reprodutivos; as relacionadas com o fim da vida humana e a eutanásia; a proteção da esfera da intimidade; até as relativas à garantia de um "mínimo existencial" e direitos ligados a condições de minorias ou em situação de marginalidade social.⁹⁷ Questões muito diferentes, como é fácil de ver, que fazem vir à tona um problema comum: um bem constitucional postulado como objeto de proteção absoluta é invocado para solucionar problemas que envolvem direitos fundamentais (o direito à vida, o direito à intimidade, o direito à identidade pessoal, o direito à liberdade moral) ou situações que geram conflitos entre vários direitos fundamentais (o direito geral à autodeterminação, à liberdade de manifestação do pensamento, à liberdade da pesquisa científica).

---

⁹⁶ Ver nesse sentido, *H. Hofmann*, op. cit., 104 s. (onde o autor recorda entre outros a declaração do diretor do instituto de anatomia da Universidade de Innsbruck depois da difusão de imagens de uma múmia de um homem que viveu há cinco mil anos e que foi encontrada nos Alpes de Oetz: "o monstro que vem do gelo é um descoberta que faz sentido, mas se trata sempre do cadáver de um homem que tem direito a sua dignidade") e 122 s.. Contra a tese de que a cláusula da *Menschenwürde* não diz respeito ao embrião e ao nascituro v., no quadro de uma revisão da concepção absoluta, *E. W. Böckenförde*, Recht, Staat, Freiheit, cit., 389 ss., 413 ss.

⁹⁷ Pode-se ler um rico inventário em *M. Herdegen*, op. ult. cit., 40 ss.; ed in *K.H. Ladeur-I. Augsberg*, Die Funktion der Menschenwürde im Verfassungsstaat. Humangenetik-Neurowissenschaft-Medien, Tübingen 2008, 34 ss. Sobre algumas das questões particulares mencionadas no texto v. os ensaios de *W. Heun* (Humangenetik und Menschenwürde. Beginn und Absolutheit des Menschenwürdeschutzes), *M. Eifert* (Menschenwürde im Medienrecht), *P. Stoellger* (Fremdwahrnehmung. Die Menschenwürde des Fremden und die Fremdheit der Menschenwürde), in *P. Bahr-H.M. Heinig* (Herausg), op. cit., 197 ss., 321 ss., 367 ss.; como também *S. Rodotà*, La vita e le regole. Tra diritto e non diritto, Milano 2006.

Todo esse cenário de questões controversas não ficou sem consequências também em seus aspectos reconstrutivos de ordem mais geral. Em primeiro lugar, as concepções absolutas da dignidade humana foram submetidas a um escrutínio crítico de natureza histórica. Previu-se o risco de que a dignidade humana [*Menschenwürde*] se tornasse um conceito petrificado quanto ao seu conteúdo normativo, sempre atrelado à sua historicidade [*Entstehungsgeschichte*].[98] Foi salientado também que exigir sua historicização era uma necessidade para preservar seu forte caráter valorativo diante dos tantos desafios impostos pelas mudanças de épocas, e até para aliviar a sua carga de abstração que, provavelmente, a aproximaria dos casos de pesquisa ou de experimentações no campo médico e, seguramente, expressaria o "princípio liberdade". Uma cuidadosa abertura para esse sentido histórico já podia ser encontrada na sentença do Tribunal Constitucional Federal da Alemanha, em 1977, envolvendo questões de constitucionalidade da pena de prisão perpétua. Nesse caso, o Tribunal reiterou a posição prioritária do Art. 1 Abs. I *GG* ("supremo princípio constitucional de todo o ordenamento jurídico" [*Oberstes Konstitutionsprinzips allen Rechts*], com a consequente indisponibilidade e incondicionalidade da garantia da dignidade humana [*Menschenwürde*] e, assim, a excluiu da operação de ponderação [*Abwägung*] com outros bens constitucionais. Por outro lado, a decisão também reconheceu a intrínseca historicidade do conceito, o que abriu caminho, evidentemente, para aplicações mais dúcteis por via da interpretação.[99]

Uma segunda diretriz da revisão das concepções absolutas da dignidade humana se orientou pela pesquisa de *standards* normativos aptos a proteger o princípio constitucional contra os riscos da indeterminação. Nessa diretriz se encontra, por um lado, a crítica ao universalismo subentendido nas concepções absolutas, segundo a qual "a dignidade humana até poderia ser estabelecida como

---

[98] Para uma boa ênfase, nesse aspecto, v. *E.W. Böckenförde*, op. ult. cit., 379 s.
[99] Cfr. BVerfGE 45, 187.

verdadeiro princípio jurídico, mas se a humanidade fosse politicamente unida e organizada". Como não é isso o que ocorre, a dignidade permaneceria presa à contradição entre "uma pretensão de validade universal e as particularidades de comunidades que a realizam, num mundo de nacionalismos divergentes". Essa dialética – que é inerente às tensões entre o ideal cosmopolita-republicano e a consciência de pertencer a uma comunidade política organizada – que se encontra também em qualquer "Estado nacional que positiva direitos da humanidade", acaba recebendo soluções forçadas naqueles âmbitos em que, e com os instrumentos por meio dos quais, se exerce a atividade do Estado.[100] Isso é particularmente evidente quando o princípio da dignidade humana é projetado no campo econômico a fim de garantir um "mínimo existencial" e, assim, é necessário apreciá-lo a partir de parâmetros derivados da cláusula do Estado social [*Sozialstaat*]. Os exemplos das pessoas famintas que, em qualquer parte do mundo, pedem comida às embaixadas de Estados cuja Constituição garante a inviolabilidade da dignidade humana, ou dos refugiados que procuram asilo porque estão tendo de viver em formas coletivas de habitação e em condições que qualquer cidadão recusaria, evidenciam que as limitações para a atuação dos Estados quando se trata de garantir a efetividade da "liberdade em face de situações de necessidade" são uma séria restrição, até mesmo onde é particularmente ampla a abertura da Constituição para o direito internacional ou para princípios de garantia de *standards* dignos de condições materiais de existência.[101] Por outro lado, tem sido observado que por ser necessário um esforço de reconstrução do preceito constitucional da dignidade atento também às suas fontes religiosas e ético-políticas e, ao mesmo tempo, consciente de que o precei-

---

[100] Cfr. H. *Hofmann*, op. cit., 116 (os trechos entre aspas são relatados segundo a tradução italiana de S. Rossi: cfr. H. *Hofmann*, La promessa della dignità dell'uomo nella cultura giuridica tedesca, cit., 637).

[101] Para a discussão dos dois casos relatados, por exemplo, v. ainda H. *Hofmann*, op. cit., 115 s. (p. 635 da trad. it. Cit.). Quanto aos aspectos problemáticos da relação entre a tutela da dignidade humana entre Estados e na *Weltgesellschaft*, v. K.H. *Ladeur-I. Augsberg*, op. cit., 105 ss.

to se destina a operar como noção de direito estritamente constitucional [*Rein Staatsrechtlicher Begriff*], não caberia tratá-lo exclusivamente no horizonte do juspositivismo estatal.[102] Tendo em vista que as cláusulas constitucionais sobre a dignidade humana operam, cada vez mais, em circuitos de comunicação e de interdependência entre diversos ordenamentos, no quadro traçado pelas convenções internacionais e regionais de direitos humanos, então não deveriam ser negligenciadas, no âmbito da interpretação judicial, as implicações do recurso ao direito comparado. Tudo isso teria produzido o efeito de trazer para a dignidade humana um riquíssimo patrimônio cultural, e de pensamento, estratificado ao longo dos séculos, num contexto normativo amplo que compreende o direito dos Estados, mas que os obriga a "conviver" com dinâmicas de cooperação que, obviamente, transcendem suas fronteiras.[103]

Contudo, o ponto crucial (e a verdadeira "questão tormentosa") no debate sobre a inviolabilidade da dignidade humana é representado pela hipótese de sua relação com os direitos fundamentais e também pela possibilidade de ser envolvida no jogo das "ponderações" com outros direitos e bens constitucionais protegidos. É claro que essa perspectiva exige, por certo, abandonar a concepção absoluta e também diferenciar a dignidade segundo cada caso concreto, e a partir de uma escala gradual de proteção.[104] De acordo com as concepções absolutas da dig-

---

[102] Ver *M. Herdegen*, op. cit., 23 ss.

[103] Para essa abordagem v. *P. Häberle*, Die Menschenwürde als Grundlage der staatlichen Gemeinschaft, in *J. Isensee-P. Kirchhof* (Herausg.), Handbuch des Staatsrechts, II. Verfassungsstaat, III ediz., Heidelberg 2004, 318 ss. Sobre a proteção "transnacional" da dignidade humana, v. *C. Walter*, Menschenwürde im nationalen Recht, Europarecht und Völkerrecht, in *P. Bahr-H.M. Heinig* (Herausg.), op. cit., 127 ss.; *C. Calliess*, Die Menschenwürde im Recht der Europäischen Union, in *R. Gröschner-O.W. Lembcke* (Herausg.), op. cit., 133 ss.; *S. Kirste*, Menschenwürde im internationalen Vergleich der Rechtsordnungen, ivi, 175 ss.

[104] É este o tema central da discussão desenvolvida na Alemanha nos últimos anos: ver, na ampla literatura, *F. Hufen*, Erosion der Menschenwürde?, in "JuristenZeitung", 2004, 313 ss.; *R. Gröschner*, "Die Würde des Menschen ist unantastbar", in "JuristenZeitung", 2004, 756 ss. *M. Nettesheim*, Die Garantie der Menschenwürde zwischen metaphysischer Überhöhung und bloßem Abwä-

nidade humana, a inadmissibilidade de ponderação com outros direitos decorre da premissa de que a dignidade humana [*Menschenwürde*] não é e não tem conteúdo de direito. Além disso, afirma-se que ela tem um significado algo extraordinário na ordem dos valores [*Wertordnung*] da Lei Fundamental, de tal modo que escaparia dos cânones interpretativos dos direitos fundamentais. Tem-se afirmado, igualmente, e em particular, que o Art. 1 *Abs. I GG* não deixa espaço para o instituto da reserva legal, nem para a atuação dos limites imanentes.[105] E que do caráter absoluto da garantia da dignidade humana [*Menschenwürde*] depreende-se que, em caso de colisão com outros bens constitucionais, a dignidade humana [*Menschenwürde*] não cede nenhum espaço quando confrontada com outros valores. A dignidade humana não seria, portanto, um bem jurídico comparável e ponderável com outros, nem poderia ser relativizada com o propósito de viabilizar uma concordância prática [*Praktische Konkordanz*] ou um ajustamento a partir de um ponto de equilíbrio otimizado, guiado pelos cânones da proporcionalidade. Em suma, num ordenamento plural, no qual todos os valores são relativos, a dignidade humana se posicionaria como o único valor realmente absoluto.[106] Tem-se a impressão, assim, que nas tentativas mais recentes de reformular a concepção absoluta da dignidade humana tenha havido uma demasiada radicalização da sua relação com os direitos fundamentais, de modo a se resolver em favor da dignidade todas as tensões que as primeiras elaborações teóricas haviam se empenhado para temperar. Mais do que o robusto pedestal sobre o qual se assenta o sistema

---

gungstopos in "AöR", 2005, 71 ss., e spec. 98 ss.; *K.-E. Hain*, Konkretisierung der Menschenwürde durch Abwägung?, in "Der Staat", 2006, 189 ss.; *J. von Benstorff*, Pflichtenkollisionen und Menschenwürdegarantie. Zum Vorrang staatlicher Achtungspflichten im Normbereich von Art. 1 GG, in "Der Staat", 2008, 21 ss.; *R. Gröschner-O.W. Lehmbke* (Herausg.), Das Dogma de Unantastbarkeit cit. (ed ivi, in Part., os ensaios de *C. Enders*, 69 ss.; *M. Herdegen*, 93 ss.; *W. Höfling*, 111 ss.; *P. Kunig*, 121 ss.); e, por fim, *C. Classen*, in "DöV" 2009, 689 ss; *R. Poscher*, in "JZ" 2009, 269 ss.

[105] Assim, *J. Isensee*, op. cit., 174 s.
[106] Assim, de modo categórico, *J. Isensee*, op. cit., 175.

dos direitos constitucionais fundamentais [*Grundrechte*], a inviolabilidade da dignidade humana [*Menschenwürde*] se caracterizaria, segundo essas mais recentes posições absolutas, como uma espécie de "cão de guarda" que lança sobre os direitos fundamentais uma "inquietude ética" [*Ethische Unruhe*] para conter potenciais aberturas interpretativas que dariam vazão a novas demandas e espaços de liberdade.[107] Realmente, segundo os epígonos das teorias absolutas, só se for "esmagando" a dignidade humana, na variada constelação de direitos fundamentais das constituições do pluralismo, para tranformá-la – já que é uma proteção formalmente incondicionada – num expediente interpretativo flexível e aberto a ponderações e a avaliações de adequação, envolvendo, além do mais, bens que dificilmente as gerações futuras poderiam dispor livremente.[108] Se, ao contrário, permanecermos firmes com a premissa de que a dignidade humana é o fundamento do ordenamento constitucional, então, obrigatoriamente, se deve concluir que o respeito a ela, enquanto condiciona não só a ação dos poderes públicos, mas toda a convivência da sociedade, deve ter uma função de orientação (e de freio) dos vários direitos fundamentais que derivam de sua posição de princípio superior. Isso confirmaria, por um lado, a ideia de um sujeito portador de direitos e livre para escolher comportamentos responsáveis; por outro, seria um "fator indispensável" na interpretação dos direitos constitucionais fundamentais [*Grundrechte*].[109] Até no campo das soluções de questões concretas controversas essas diretrizes parecem não deixar espaço para mediações. Elas têm prioridade absoluta na proteção da dignidade humana já ao primeiro sinal de uma vida futura. Apontam também para um juízo indiscriminado de radical inconstitucionalidade para todas as formas de engenharia genética no leque amplo de suas aplicações (seja a produção de embriões para fins de pesquisa, seja a fertilização *in vitro*, a produção de células-tronco com o uso de

---

[107] Cfr. E.W. Böckenförde, op. ult. cit., 381.
[108] Cfr. E.W. Böckenförde, op. ult. cit., 386 ss.
[109] Cfr. E.W. Böckenförde, op. ult. cit., 390 ss.

embriões, o diagnóstico pré-implantação ou a clonagem terapêutica, etc.).[110] Nos últimos anos, porém, tem sido desenvolvida na Alemanha uma hipótese reconstrutiva diferente. Esta atrela a interpretação do Art. 1 *Abs*. I *GG* à dogmática dos direitos fundamentais [*Grundrechte*] e ao quadro de ponderação de bens [*Güterabwägung*] desenvolvido pelo Tribunal Constitucional. De acordo com essa perspectiva, a inviolabilidade da dignidade humana teria sido submetida ao regime próprio dos direitos fundamentais, o que significaria dizer que pode entrar em relação (de conflito potencial) com outros direitos e, assim, também se submeter à dinâmica das ponderações e aplicações flexíveis. Assim, até mesmo a garantia da dignidade humana [*Menschenwürde*], e apesar de seu particular relevo na hierarquia do sistema de valores da Lei fundamental, tornar-se-ia algo "móvel" em relação a um elenco de situações que comportam gradações na intensidade da proteção. Se as concepções absolutas consideram totalmente inidôneo e estranho submeter a dignidade humana ao jogo das ponderações e do balanceamento, esta hipótese reconstrutiva, ao invés, sustenta que Art. 1 *Abs*. I *GG* é, tão somente, mais resistente ao balanceamento [*Abwägungsresistenz*] quando colide com outros direitos fundamentais.[111]

A fim de compreender melhor essa hipótese reconstrutiva e suas consequências, e também para esclarecer alguns mal-entendidos e polêmicas que ela possa ter suscitado,[112] é oportuno percorrer os fundamentos de suas premissas teóricas. A primeira, diz respeito à *vexata quaestio* da relação entre dignidade e direitos fundamentais que, de fato, é difícil de abordar a partir de oposições radicais, sobretudo

---

[110] Cfr. E.W. *Böckenförde*, op. ult. cit., 392 ss., 399 ss.
[111] Este ponto, elaborado de modo bastante fundamentado no novo comentário de M. *Herdegen* ao Art. 1 *GG* no *Maunz-Dürig Kommentar*, é acompanhado, entre outros, com diferentes abordagens, por P. *Lerche*, Verfassungsrechtliche Aspekte der Gentechnologie (1986), in P. *Lerche*, Ausgewählte Abhandlungen, Berlin 2004, 417 ss., e partic. 426 ss.; e por P. *Häberle*, op. ult. cit., 323 ss., 344 ss.
[112] Refiro-me em particular às críticas contundentes de E.W. *Böckenförde*, op. cit., 379 ss., 407 ss.

quando se tem em conta que a conquista de uma identidade decorre de um percurso de livre autodeterminação, e quando não se pode identificar (nem exaurir) a essência da dignidade humana (como sustentam os defensores das concepções absolutas) mas se admite, por outro lado, que essa identidade própria é, em democracias plurais, um componente essencial, se não o mais elevado de todo o percurso de formação do ser humano e de realização do direito de sermos nós mesmos. Um direito fundamental à dignidade, por outro lado, não seria imune – como ocorre com os demais – dos relacionamentos comunitários [*Gemeinschaftsbezogenheit*] típicos da dogmática alemã dos direitos constitucionais fundamentais [*Grundrechte*]. Isso significa dizer, portanto, que a dignidade humana seria um direito que não poderia proteger o indivíduo em seu isolamento autorreferencial, mas que o colocaria no interior de uma comunidade política e que o "projeto de vida" por ela protegido incluiria, necessariamente, os vínculos de reciprocidade de uma "solidariedade de reconhecimento".[113] Se a dignidade humana é, realmente, o resultado de um processo de "relativização antropocêntrica" do Estado,[114] então é, também, a projeção do ser humano na direção de sua autodeterminação que justifica, em última análise, colocar a garantia de sua dignidade no topo do sistema dos direitos fundamentais. Dessa perspectiva, não parece correta a objeção que imputa a essa teorização a pretensão de querer desvirtuar o preceito constitucional de suas fontes que precedem o direito positivo. Mesmo que se faça apenas um voo rasante pelo percurso da elaboração filosófica e teológica da dignidade humana, desde o cristianismo até o iluminismo, ver-se-á que não há separação, mas conjugação progressiva, entre a dignidade humana e o "princípio liberdade".[115] Disso se pode extrair

---

[113] Ver, nesse sentido, uma sugestão significativa em *M. Herdegen*, op. cit., 16, onde, em particular, há uma referência ao vínculo entre *selbstbestimmter Lebensentwurf* e *Solidarität*, o qual seria típico do conteúdo da garantia da dignidade humana, numa tensão entre os dois termos que poderia ser resolvida segundo os instrumentos próprios de uma "constituição aberta".

[114] Assim, *M. Herdegen*, op. cit., 5 ss.

[115] Para objeções ver, E. W. Böckenförde, op. ult. cit., 416 ss.

uma primeira conclusão: muito embora razões de ordem histórica tenham enfatizado que a dignidade humana é uma espécie de elemento catalisador de um ordenamento objetivo de valores, deve-se reconhecer que é, todavia, no campo dos direitos fundamentais que a dignidade relativa terá seu melhor desenvolvimento. Nesse âmbito, a dignidade operará como "fundamento material" dos direitos fundamentais, a maioria dos quais "derivam" dela e serão concebidos como meios de sua realização.[116]

É evidente, aqui, a mudança de perspectiva na reconstrução das relações entre a dignidade humana [Menschenwürde] e os direitos fundamentais [Grundrechte]. A dignidade humana já não aparece como uma contenção estreita das potencialidades de abertura do catálogo dos direitos fundamentais; por outro lado, a "derivação [Ableitung]" destes últimos a partir da dignidade humana [Menschenwürde] indica que os direitos são, em geral, um desenvolvimento no âmbito dos cânones hermenêuticos da "constituição aberta". O problema central passa a ser, portanto, lidar com os casos de colisão entre o Art. 1 Abs. I GG e outros direitos fundamentais, o que constitui, sob muitos aspectos, um difícil desafio metodológico à dogmática alemã dos direitos fundamentais, elaborada a partir da ideia base de que a Constituição é uma "ordem de valores". É que a coordenação entre o nível prioritário da garantia da dignidade humana [Menschenwürdegarantie] e os direitos fundamentais com ela colidentes não tem mais uma clara "linha de divisória". Agora, a coordenação ocorre no campo dos direitos fundamentais, e não pode se basear senão na reciprocidade [Wechselseitig]. Isso quer dizer, por um lado, que os direitos fundamentais singulares são elementos com perfil constitucional unitário, inspirados nos valores da liberdade e da igualdade e, também, que podem ser sintetizados no conceito de dignidade humana. Por outro lado, quer dizer também que o *standard* da dignidade humana passou a ter contornos pontuais por via da disciplina dos demais direitos fundamentais (*"especiais"*),

---

[116] Cfr. ainda M. Herdegen, op. cit., 11 ss.

que são todos aqueles "seguintes direitos fundamentais" [*Nachfolgende Grundrechte*] como enuncia, textualmente, o Art. 1 *Abs.* III *GG*.[117] Compreende-se, facilmente, que essa abordagem tem importantes consequências no plano reconstrutivo. Em primeiro lugar, ela estende o "direito" à dignidade humana à dogmática da natureza dual [*Doppelcharakter*] dos direitos fundamentais, elaborada a partir da correlação entre um perfil individual do direito – no qual a violação da dignidade humana repercute no âmbito de proteção dos direitos de liberdade e de igualdade[118] – e um perfil institucional, que se apoia numa imagem objetiva da humanidade [*Menschenbild*] e na proteção da espécie humana.[119] Percebe-se, já a partir daqui, as dificuldades para aplicar esse esquema reconstrutivo, em cujos polos extremos estão, com resultados muito questionáveis, por um lado a configuração de um direito individual a renunciar à própria dignidade, ou o direito de se auto-humilhar [*Selbstentwürdigung*] e, por outro, a proteção dos direitos das gerações futuras para a conservação da espécie. Em segundo lugar, porque tudo isso remete aos cânones da ponderação que, realmente, precisam ser utilizados para harmonizar a relação entre a garantia da dignidade humana [*Menschenwürdegarantie*] e a dos outros direitos fundamentais mas, ainda assim, de modo problemático, porque se deve balancear os direitos fundamentais com maior rigidez (forças de equilíbrio [*Abwägungsfestigkeit*]), aliás imposta pela posição especialíssima da garantia da dignidade.[120]

Chega-se, assim, à questão decisiva: o tema da margem de apreciação da dignidade humana e de sua abertura a cenários de ponderação. O esforço mais elaborado para delinear um meio de concretização da dignidade humana por intermédio de um balanceamento valorati-

---

[117] Cfr., ainda, M. *Herdegen*, op. cit., 13 s.
[118] Em sentido contrário, aliás, sobretudo com referência à jurisprudência *Bundesverfassungsgericht* que exclui a possibilidade da *Verfassungsbeschwerde* por violação ao Art. 1 *Abs.* I *GG*, C. *Starck*, op. cit., Rdnr. 28.
[119] Nesse sentido, v. M. *Herdegen*, op. cit., 16 ss.
[120] Cfr. M. *Herdegen*, op. cit., 12 s.

vo [*Wertende-bilanzierende Konkretisierung*] parte de duas perspectivas diferentes. A primeira diz respeito ao objeto ou, mais precisamente, à natureza do comportamento que pode lesar a dignidade humana (modal representacional [*Modal-gegenständlich*]). Essa tese identifica um núcleo duro e inviolável na dignidade humana, porém mantém seu caráter absoluto (ou seja, abstrai circunstâncias que poderiam determinar a violação) para casos de extrema gravidade, como os que têm relação com as fontes históricas que inspiraram a criação da norma (como a rejeição dos regimes totalitários), com o direito internacional e com o patrimônio de cultura constitucional amplamente difundida para além do direito dos Estados (por ex., genocídio, extermínio em massa). A segunda perspectiva tem caráter finalístico: para esta o *vulnus* da dignidade humana não diz respeito ao objeto (ou ao "modo") do comportamento, mas à finalidade (da violação). Em alguns casos, a margem de apreciação entre esses dois modelos pode ser estreita (por ex., no caso de discriminação racial), já que a finalidade perseguida não conduz, necessariamente, a uma ponderação com a finalidade de apreciar se a dignidade humana [*Menschenwürde*] foi "tocada". Em outros casos, ao contrário, a consideração das perspectivas objetivo-modal e finalística requerem "apreciação de uma ampla rede de circunstâncias relevantes" e é possível realizar a ponderação dos bens constitucionais em jogo. Na realidade, nessas situações a posição prioritária da dignidade humana não seria modificada, mas se veria circunscrita a uma relação de meios e fins que seria tomada em consideração se – além de avaliar o núcleo objetivo da violação que, às vezes, diz respeito a grupos de casos – a dignidade humana fosse colocada em face de elementos que estão abertos "ao balanceamento de todas as circunstâncias decisivas para a apreciação da gravidade de uma lesão e da finalidade perseguida". Concluiu-se, portanto, que é imanente à garantia da dignidade humana uma "proibição de excessos" [*Übermaßverbot*], o que não quer dizer que essa abertura para a ponderação [*Abwägungsoffenheit*] comporte, necessariamente, o risco de uma dissolução do âmbito de proteção do "direito" à dignidade. Juízos de ponderação, contudo, estariam abertos somente naquelas "zonas" – periféricas em relação ao núcleo duro da perspectiva objetiva da dignidade humana – que oferecem espaço para "apreciações balanceadas tanto do modo, quanto da finalidade da lesão", e a lesão só deveria ser declarada existente nos casos de deliberada humilhação, de graves maus tratos corporais e de discriminações éticas e raciais.[121] Identificar essas "zonas periféricas" relativas ao núcleo [Kern] da dignidade – nas quais a proteção pode resultar menos intensa, porque exposta a ponderações nos casos concretos – é problema delicado, cujo exame exigiria uma revisão pontual da jurisprudência do Tribunal Constitucional Federal [Bundesverfassungsgericht]. Limito-me, porém, a mencionar a proibição de penas inequivocamente desproporcionais em relação à gravidade dos delitos; a justificação da pena de prisão perpétua, que à primeira vista causa uma grave deformação da personalidade e um consequente *vulnus* da dignidade humana [Menschenwürde], mas que pode ser admitida como meio para reprimir certos delitos particularmente graves; e, além desses, também a proibição da redução *post mortem*[122] da intensidade da proteção da dignidade. Nessa discussão sobre a abertura da dignidade humana [Menschenwürdegarantie] a ponderações, o ponto crucial diz respeito, enfim, à proteção na fase pré-natal,[123] na medida em que a reconstrução da dignidade humana como um direito fundamental tem sido uma forma de proteger, de modo particularmente intenso, a dignidade de indivíduos já nascidos. Desse modo, também em relação à fase pré-natal haveria espaço para balanceamentos com outros bens constitucionais protegidos, no quadro de um escalonamento da intensidade da proteção da dignidade: parte-se de uma restrição mais intensa nos primeiros estágios da vida humana e evolui-se para um aumento gra-

---

[121] Cfr. M. *Herdegen*, op. cit., 25 s.

[122] Ver, ainda, também para algumas indicações jurisprudenciais, M. *Herdegen*, op. cit., 26 s., 30 ss.

[123] Ver as críticas muito duras dirigidas a *Herdegen* também, sob este ponto, por E. W. *Böckenförde*, op. cit., 383 ss., 409 ss.

dual da intensidade da proteção à medida que a vida se desenvolve.[124] Esse novo percurso reconstrutivo da dignidade humana [*Menschenwürdegarantie*], como já mencionei, suscitou numerosas objeções por parte dos que sustentam sua concepção absoluta, e sobre tais críticas não mais insistirei, exceto para assinalar certa dificuldade gerada por essas posições para compatibilizar a relação entre a dignidade humana e o "princípio liberdade".[125] Contudo, não parecem merecer muita atenção aquelas tentativas de opor às concepções absolutas, excessivamente condicionadas por fatores de natureza ética ou teológica, propostas exclusivamente lastreadas no direito positivo, de modo que, nesse caso, a teologia, a filosofia moral e a ética, com todo o seu "instrumental histórico espiritual", poderiam gerar resultados enganosos.[126] É difícil não reconhecer uma aporia na tentativa de vincular o conceito de dignidade humana a um fundamento rigorosamente juspositivista [*Staatsrechtlich*] e exigir também a adoção da ponderação e do "balanceamento valorativo", cujas qualidades são, justamente, as de uma "constituição aberta" a conteúdos de valor que, por sua vez, não separa nitidamente o direito e a ética.[127] Acrescento que todo o percurso argumentativo – a meu ver, convincente – que conduziu a garantia da dignidade da pessoa humana [*Menschenwürdegarantie*] à condição de um direito fundamental, que não está a salvo da convivência com os demais direitos, tem um valor intrínseco à luz do percurso histórico-filosófico que sistematizei (§§ 2-4), e do qual parece emergir claramente que a relação da dignidade com o "princípio liberdade", desde o cristianismo até o iluminismo, não é *um*, mas *o* problema

---

[124] Ver, para desenvolvimentos amplos desta posição, M. *Herdegen*, op. cit., 32 ss.

[125] Além dos escritos de Böckenförde, Hain e Isensee citt. *Supra*, ver ainda C. *Starck*, op. cit., Rdnr. 79 ss.

[126] Ver nesse sentido M. *Herdegen*, Die Garantie der Menschenwürde: absolut und doch differenziert?, in R. *Gröschner-O. W. Lembcke*, op. cit., 98 ss.

[127] Para uma configuração diferente, muito empenhada em "ler" o direito positivo como algo "precipitado" de uma tradição secular filosófica e teológica que resultou disso, C. Enders, Die regulamentos Unantastbarkeit der Menschenwürde, em R. Gröschner-O. W. Lembcke, op. cit., 69 ss.

da sua proteção na dimensão existencial de uma comunidade política.

A intensa controvérsia desenvolvida na Alemanha, no último decênio, sobre a relação entre dignidade humana e ponderação parece representativa das indagações que envolvem o modelo [*Gueterabwägung*] elaborado pelo Tribunal Constitucional Federal [*Bundesverfassungsgericht*] no arco de mais de meio século,[128] sobretudo quando a ponderação é utilizada em questões que expõem as tensões entre a Constituição, entendida como ordenamento de valores, e liberdades nem sempre compatíveis com o sistema, mas produzidas pela complexidade social. Na ponderação [*Abwägung*] se vê, de fato, a tradição do idealismo alemão: pode-se dizer, até, que seja um produto da ideia de alcançar o pensamento do "ator ativo do universo",[129] e pela ilusão de poder ordenar a realidade segundo uma escala conceitual de valores, "administrada" e disposta a partir de sólidas fórmulas argumentativas. Perfeitamente coerente com um pluralismo social ordenado, tal como aquele que serviu de pano de fundo para o caso *Lüth-Urteil*, no final dos anos cinqüenta,[130] o modelo das ponderações acabou encontrando sérias dificuldades para se adaptar às sociedades perpassadas por fraturas identitárias, visto que cada cultura afeta os princípios constitucionais e sua interpretação, mas afeta também, de modo particular, a dignidade da pessoa humana [*Menschenwürdegarantie*], pois esta sempre está associada a conflitos e dilemas éticos profundos que tocam o destino dos seres humanos.

Compreende-se, então, por que os críticos de concepções absolutas da dignidade humana e partidários de uma abertura para o balanceamento [*Abwägungsoffenheit*] chegaram, progressivamente, a conclusões parcialmente

---

[128] Sobre isso se pode ler uma ótima reconstrução em *T. Rensmann*, Wertordnung und Verfassung. Das Grundgesetz im Kontext grenzüberschreitender Konstitutionalisierung, Tübingen 2007, 43 ss.

[129] Retomo aqui a citação de Fichte por *M. Frank*, Auswege aus dem deutschen Idealismus, Frankfurt a.M. 2007, 27.

[130] Ver ainda, sobre esta histórica decisão de *Bundesverfassungsgericht*, o registro traçado por *T. Rensmann*, op. cit., 81 ss.

diferentes, nem sempre alinhadas com a tradicional configuração dos juízos de ponderação. A correção de rumo que se nota em algumas contribuições mais recentes parece mover-se na esteira de precedentes jurisprudenciais (como nos casos da "Lei sobre a Segurança Aérea" [*Luftsicherungsgesetz-Urteil*] e no caso da "Grande Operação de Escuta" ou "de Espionagem" [*Großer Lauschangriff-Urteil*]), mas, ainda assim, na "corda bamba" que tem por um lado o propósito de recuperar o caráter absoluto da dignidade humana e, assim, dotá-la de uma força normativa incontrastável com outros valores constitucionais – até mesmo de nível elevado (como a vida) – e, por outro lado, o desafio de encontrar critérios de diferenciação aptos a operar na solução de situações concretas de conflito com outros bens. Em correlação dialética se confrontariam, portanto, a absoluta proteção da dignidade humana, por um lado, e, por outro, um critério para conformá-la a situações lesivas; ambas estariam norteadas, contudo, pela diferenciação dos bens jurídicos afetados e por específicas responsabilidades individuais (v.g., o papel do culpado e da vítima).[131] Em que pese a objeção de que isso resultaria numa relativização da dignidade, ou de sua gradação de acordo com as características específicas da pessoa, tem sido destacada a grande força sugestiva dessa proposta de reconstrução. Realmente, confundir a natureza absoluta da dignidade com a indiferença para com as muitas situações nas quais ela deve operar é uma forma de causar sérios danos à sua força normativa. Isso porque, na perspectiva que não comporta diferenciações de casos concretos, todos os atos lesivos dos poderes públicos seriam postos no mesmo plano: os dos sujeitos privados seriam apreciados sem levar em conta as gradações exigidas pelo "princípio responsabilidade", nem seria feita distinção alguma entre criminalidade grave e insignificante, ou, entre sujeitos mais ou menos necessitados de proteção. Em tal cenário, a inviolabilidade da dignidade humana se reduziria à segurança de um nível mínimo ("elementar") de proteção,

---

[131] Nesse sentido, também para posteriores citações e referências, v. ainda M. Herdegen, op. ult. cit., 95.

destinado a repercutir do mesmo modo em todos os casos da vida. Tem sido apontado que as concepções absolutas, por não admitirem, por exemplo, a gradação da proteção dos diferentes estágios de desenvolvimento, de tal modo que o implante e o nascimento estariam no mesmo plano, é uma limitação dessas teorias. O mesmo vale para a crioconservação da célula fecundada e a condição de alguém que se encontra entre a vida e a morte; também nos casos da célula *in vitro* e do indivíduo já nascido, pois todos gozariam da mesma intensidade de proteção, enquanto "membros da espécie humana". Na mesma linha, deveria ser recusada toda e qualquer diferenciação entre o blastocisto *in vitro* e a célula totipotente formada a partir dele, o embrião no corpo materno e o indivíduo já nascido, pois todos seriam iguais partícipes do estado atual, ou potencial, da proteção conferida à espécie.[132] A recusa de combinar a dimensão absoluta com as hipóteses específicas de diferenciação parece produzir, assim, um efeito de aprofundar o fosso que há entre o âmbito de proteção de um princípio constitucional formulado num plano geral e sua concretização como instrumento de proteção individual, com resultados que, à luz da ligação estreita que há entre a cláusula da inviolabilidade da dignidade humana e os direitos fundamentais resultariam, no mínimo, problemáticos. Enfim, nos propósitos pouco confiáveis de recusa das diferenciações há, nas entrelinhas, o preconceito de querer reduzir a complexidade das coisas a qualquer custo. Mas se o mundo parece ser mais simples e previsível quando o imaginamos governado por preceitos e proibições que operam de modo indiferente para toda a variedade de situações concretas, a realidade, infelizmente, não é assim: ao contrário, é muito complexa e conclama a desconfiar de tais simplificações.[133]

---

[132] Cfr. M. *Herdegen*, op. ult. cit., 96 ss. As duas posições referidas no texto estão emblematicamente representadas na literatura italiana, por F. *Rimoli*, Laicità e pluralismo bioetico, e por L. *Violini*, Bioetica e laicità, ambos em "Problemi pratici della laicità agli inizi del XXI secolo", Annuario 2007 dell'Associazione italiana dei costituzionalisti, Napoli 2008, 167 ss., 221 ss.

[133] Cfr. M. *Herdegen*, op. ult. cit., 97.

Todas as críticas que têm como fio condutor a ligação entre a proteção absoluta da dignidade humana e a diferenciação de sua aplicação em situações concretas parecem orientar essas posições muito mais para um *balancing test* orientado pelas "condições do caso concreto/*Ansehung des konkreten Falles*"[134] do que para os tradicionais cânones da ponderação. Nota-se que diferenciar situações concretas não é o mesmo que efetuar uma ponderação entre o princípio da dignidade humana e outros direitos fundamentais ou interesses constitucionalmente protegidos. Ao sustentar o caráter absolutamente prioritário da dignidade, as teorias da diferenciação concordam com a realização de uma apreciação *situativ* (isto é, relativa à situação concreta) a fim de extrair do caso concreto as bases para uma proteção subjetiva, a qual se move a partir da imagem de ser humano constitucionalmente pressuposta e, justo por isso, também enfatiza os perfis da autonomia e da responsabilidade do indivíduo para com seus próprios comportamentos, mas ressalta as necessidades de proteção em situações de doença, de impedimento ou de ameaça.[135] De acordo com esse modelo de balanceamento complexo [*Balanzierende Gesamtwürdigung*], adotado como parâmetro para decidir se há, ou não, uma lesão à dignidade humana, não haveria uma ponderação com outros direitos e valores fundamentais, mas haveria meios para identificar uma pretensão subjetiva em relação à dignidade, modelada pela situação concreta que produziu a lesão. Trata-se, portanto, de um percurso que, na apreciação em concreto do modo e dos propósitos da lesão, põe-se como um espelho em relação àquela outra forma de abordagem, a absoluta, que funda a pretensão de dignidade sem considerar os contextos e prescindindo da diversidade das situações concretas. Em suma, enquanto as concepções absolutas conduzem a um juízo radicalmente alternativo sobre lesões à dignidade humana, juízo de "tudo ou nada" [*Alles oder nichts*], a via do balanceamento

---

[134] Como sugerido em BVerfGE 30, 1.
[135] Cfr. M. *Herdegen*, op. ult. cit., 98.

opta por uma concretização do princípio constitucional inserindo-o no contexto de uma adequada apreciação das relações que afetam os diversos bens envolvidos em cada caso.[136]

---

[136] Cfr. M. *Herdegen*, op. ult. cit., 105 ss.

7. A dignidade humana no "direito constitucional europeu": algumas passagens jurisprudenciais

Concentrei-me, até aqui, na evolução do debate sobre a inviolabilidade da dignidade humana na experiência constitucional germânica porque isso, realmente, contribui para esclarecer questões nodais que agitam esse tema e também porque ajuda a compor o complexo mosaico de temas e de posições que se delinearam no intrincado panorama constitucional europeu.[137] No cenário europeu, os textos oferecem diferentes declinações para o tema da dignidade humana. É um longo percurso que se esboça a partir de algumas constituições europeias do período entre guerras mundiais (a Constituição de Weimar, de 1919; a da Polônia, de 1933 e a da Irlanda, de 1937) e que se densifica depois, a partir do final do segundo conflito mundial, já na segunda metade do século XX. Se, de fato, deixarmos de lado o caso da França onde, pela falta de texto constitucional expresso, o *Conseil Constitutionnel*, e com base no Preâmbulo da Constituição de 1946, reconheceu a dignidade humana como princípio constitucional não escrito,[138] não

---
[137] Reelaborado por P. Häberle, Die Menschenwürde cit., 321 ss.; C. Calliess, Die Menschenwürde im Recht der Europäischen Union, em R. Gröschner-O. W. Lembcke (Herausg.), op. cit., 133 ss., e partic. 135 ss. Para um quadro comparado mais amplo v. S. Kirste, Menschenwürde im internationalen Vergleich der Rechtsordnungen, ivi, 175 ss.
[138] Cfr. *Conseil constitutionnel*, 94-343/344 de 27 julho 1994, *Bioethique*, 2° cons. Sobre essa jurisprudência v. L. Favoreu et al., Droit des libertés fondamentales, II ediz., Paris 2002, 165 ss., onde também há uma análise dos desenvolvimentos, de fato muito articulados, pela jurisprudência de 94, nesse tema, por exemplo,

será difícil localizar em grande parte dos textos constitucionais europeus significativas disposições expressas que, por outro lado, conformam um amplo leque de soluções e de ênfases diferentes. Uma primeira particularidade a ser notada diz respeito à estrutura das normas constitucionais. Em alguns casos, elas têm por objeto a proteção da dignidade humana; em outros, a dignidade é invocada como limite aos direitos constitucionais (por ex., a liberdade de informação, as liberdades econômicas).[139] Outra particularidade relevante aparece nas constituições que configuram a dignidade humana como um direito fundamental, privilegiando, portanto, a dimensão individual da proteção[140] e seus efeitos como dique protetor contra atos arbitrários de sujeitos privados.[141] Há também ordenamentos que acentuam o perfil objetivo da referência à dignidade humana como princípio fundamental do sistema constitucional,[142] outros que a destacam como funda-

---

do direito à habitação, da constitucionalidade das investigações noturnas, de luta contra a exclusão.

[139] Ver, por exemplo, o Art. 25. III Const. Lituânia 1992 (a saúde, a honra e a dignidade como limite da liberdade de informação), e o Art. 41. Const. italiana e o Art. 106. II da Const. Grécia 1975 (a dignidade como limite da realização da liberdade de iniciativa econômica), o Art. 26. II Const. Portugal.

[140] Ver, por exemplo, o Art. 23 Const. Belga 1994 ("Todos têm direito a uma vida humana digna"), o Art. 32.I Const. Bulgária 1991 (em conexão com a inviolabilidade da vida privada), o Art. 54.I Const. Hungria 1949/2003 ("Todo homem tem direito inato à vida e à dignidade"), os arts. 12.I ("todos os homem são livres e iguais em direitos e em sua dignidade") e 19. I ("Todos têm o direito ao respeito à dignidade humana, à honra pessoal, à sua boa reputação e à proteção do nome") da Const. Eslováquia 1992, o Art. 34 Const. Eslovênia 1991 ("Todos têm o direito à dignidade pessoal e à segurança"), os Art. 1 e 10.I da Carta dos direitos e da liberdade fundamental anexa à Const. da República Tcheca.

[141] Ver, por ex.,o Art. 54 I ult. frase Const. Húngara ("a ninguém é permitido causar dano arbitrariamente" ao direito à dignidade).

[142] Ver, por ex., o preâmbulo da Const. da Irlanda, de 1937, que menciona a dignidade e a liberdade do indivíduo, a realização do bem comum por uma ordem social inspirada nos princípios de justiça e unidade do país entre os fundamentos do ordenamento constitucional; a Const. de Portugal, de 1976 (Art. 1: "Portugal é uma República soberana, baseada na dignidade da pessoa humana e na vontade popular e empenhada na construção de uma sociedade livre, justa e solidária); a Const. da Espanha, de 1978 (art. 10. I, A dignidade humana, os direitos invioláveis que lhe são inerentes, o livre desenvolvimento da personalidade, o respeito às leis e aos direitos dos demais são fundamento da ordem política e da paz social"); o preâmbulo da Const. da Polônia, de 1997, que menciona a dignidade inata ao homem, o seu direito à liberdade, o seu empenho à solida-

mento de obrigações de proteção por parte dos poderes públicos,[143] outros como pilar do catálogo dos direitos[144] e, enfim, as constituições nas quais aparecem destacados ambos os perfis, individual e objetivo, dessa garantia.[145] O quadro que tracei antes se articulará logo a seguir, se levarmos em consideração a variedade de âmbitos da vida que estão associados à proteção da dignidade humana. Nos textos constitucionais europeus é realmente possível reconhecer um fundo comum que reelaborou e reformulou as diretrizes da Declaração da ONU, de 1948, que delineou um espectro amplíssimo para o princípio da dignidade humana, como princípio destinado a proteger um caráter imanente a todos os membros da família humana e, ao mesmo tempo, destinado a responder simultaneamente aos desafios da história e dos totalitarismos.[146] As constituições europeias do pós-segunda guerra e, depois, as promulgadas com o fim das ditaduras na Grécia, Portugal e Espanha e, por fim, as que, tanto na Europa oriental, quanto nos países da ex-União Soviética, concluíram suas

---

riedade com os outros homens como princípios que constituem "o fundamento inviolável da República polonesa"; o Art. 1.III da Const. da Romênia, de 1991 ("o Estado romeno é um Estado de direito, democrático e social, no qual a dignidade humana, os direitos e as liberdades do cidadão, o livre desenvolvimento da personalidade humana, a justiça e o pluralismo político representam valores supremos e devem ser garantidos"); o preâmbulo da Const. da República Tcheca (a dignidade é mencionada como pilar de "um Estado que se funda no respeito aos direitos do homem e aos princípios da sociedade civil").

[143] Ver, por ex., o Art. 2.I Const. Grécia, 1975, o Art. 11. III Const. de Luxemburgo 1868, o § 2° Const. Suécia, 1975, o Art. 95 Const. Letônia 1992, o Art. 21.II-IV Const. Lituânia 1992.

[144] Ver, por ex., a *Bundesverfassungsgesetz* austríaca sobre a liberdade pessoal, de 1988 (Art. 1.IV), mas também o § 1 a) do *Human Rights Act* do Reino Unido (1998), combinado com os arts. 3, 4 e 8 da Cedu. Mas v., ainda, para uma forte ênfase na "necessária inerência" dos direitos invioláveis à dignidade humana, o já cit. Art. 10.I Const. Espanha; e o Art. 30 Const. Polônia ("A dignidade humana é inata e inalienável. Constitui a fonte da liberdade e dos direitos do homem e do cidadão. Ela é inviolável, e o respeito e a proteção dela são uma obrigação para os poderes públicos").

[145] Cfr., por ex., a Const. da Finlândia, de 1999 (Art. 1.I para o aspecto objetivo: "A Constituição assegura a inviolabilidade à dignidade humana e à liberdade e os direitos de cada indivíduo e promove a justiça na sociedade"; Art. 7.II: Proibição de tratamento contrário à dignidade humana).

[146] Ver sobre a dignidade humana na Declaração ONU e sobre os seus desenvolvimentos no direito internacional em *S. Kirste*, op. cit., 376 ss.

transições de democracias populares para regimes de Estados constitucionais de democracia plural, traduziram a inspiração de fundo comum de acordo com suas sensibilidades culturais e com diferentes entonações baseadas não somente em suas próprias histórias [*Entstehungsgeschichte*] mas, também, escavando em profundidade, na história constitucional e em elementos do tecido econômico-social dos vários países. Assim, além das formulações gerais do princípio, de vários modos reconhecidos como fundamento da ordem constitucional,[147] encontram-se também declinações diferentes que se orientam num raio de abrangência que vai desde a proteção da integridade física e a humanização das penas[148] (que comporta a proibição de coação à liberdade moral[149] e proibições de violações ao direito à saúde[150]), passando pela "constituição econômica" (implicada com a justiça social e a garantia de um *standard* de condições de vida[151]) e, por fim, por textos constitucio-

---

[147] Ver além do Art. 1 do *Grundgesetz* germânico, de 1949, o Art. 2 Const. Grécia, o Art. 1 Const. Portugal, o Art. 10 Const. Espanha, o Art. 30 Const. Polônia, o Art. 21 Const. da Rússia, o Art. 21 Const. Lituânia, o Art. 10 Const. Estônia.

[148] Ver o Art. 27 Const. Itália, o Art. 17 Const. Turquia, o Art. 22 Const. Romênia, o Art. 7. II Const. Finlândia, o Art. 25.II Const. Portugal, o Art. 15 Const. Espanha, o Art. 95 Const. Letônia, o Art. 40 Const. Polônia.

[149] Ver o Art. 7. II Const. Grécia, o Art. 41. IV Const. Polônia, o Art. 21 Const. Eslovênia.

[150] Ver o Art. 32 Const. Itália, o Art. 7. II Const. Grécia, o Art. 66. I Const. Portugal (com respeito também à proteção de um ambiente saudável e ecologicamente equilibrado).

[151] Ver o Art. 19. I Const. Finlândia (o direito à proteção social como condição de "uma existência digna do homem"), o Art. 106.II Const. Grécia, os arts. 13 e 59.I Const. Portugal, o § 2 Const. Suécia, o Art. 47 Const. Espanha (direito a uma habitação "digna"), o Art. 12 Const. Conf. Suíça. Particular menção merece a Constituição italiana, para a projeção peculiar que tem este aspecto: Ver os arts. 3. I (preceito da "igual dignidade social"), 36 e 41. II. É significativo que as poucas referências da jurisprudência constitucional italiana à dignidade humana dizem respeito, frequentemente, a aspectos conexos com princípios da "constituição econômica", mas com a tendência a uma ampliação de sua proteção à luz da inspiração abrangente do princípio personalista. Essa orientação se pode ver já numa destacada pronúncia que justificou a escolha legislativa de abolir a regulamentação da prostituição motivada por "particulares razões de proteção da dignidade humana" (Corte const. n. 44, de 1964). Na jurisprudência posterior, as referências à dignidade foram veiculadas, predominantemente, pelo Art. 3. I, pelo preceito relativo à "igual dignidade social", na qual não operaria só no sentido de reforçar a proibição de discriminações baseadas em condições pessoais ou sociais (ver, Corte const. n. 494 de 2002 com respeito ao *status filiationis*),

nais mais recentes, com particular atenção às repercussões do princípio no campo da bioética e da engenharia genética.[152]

Da leitura dos "textos" constitucionais emerge, portanto, um panorama muito diversificado que parece recompor-se na jurisprudência, organizando-se em torno de alguns temas nodais que, por sua vez, deixam entrever os primeiros traços de um direito comum europeu. Na análise da jurisprudência optou-se por uma abordagem seletiva, a partir da qual se tentará individuar alguns "casos" estabelecidos em contextos de diferentes culturas jurídicas e distintas estruturas constitucionais:[153] o caso francês, tradicionalmente inclinado a circunscrever as liberdades públicas [*libertés publiques*] na órbita dos poderes administrativos incidentes não *sobre a* liberdade, mas *sobre as liberdades*, e relutante a enquadrá-las num sistema ordenado por valores de orientação geral; o caso do direito da União Europeia, cujo percurso evolutivo no campo dos

---

mas como cláusula justificativa de medidas para favorecer sujeitos ou categorias necessitadas: ver, por ex., Corte const. n. 346 de 1989 (em matéria de acúmulo de prestações assistenciais para sujeitos não autossuficientes), n. 111 de 2005, n. 162, de 2007, n. 309, de 1999, n. 304, de 1994, n. 509, de 2000, n. 252, de 2001 (sobre a finalidade do sistema de assistência sanitária, que deve, entre outros, assegurar a plenitude do serviço como "núcleo irredutível do direito à saúde protegido como âmbito inviolável da dignidade humana"), n. 404, de 1988, n. 427, de 1995, n. 302, de 1996, n. 196, de 2004 (em tema de direito à habitação). Ampliando ainda mais o campo das referências à dignidade humana, a Corte considerou que a sua proteção compreende também o direito a preservar o próprio estado de saúde e a manutenção da atividade laboral e relacional relação (Corte Const. n. 218 de 1994). O valor da dignidade foi invocado também com referência à proteção do trabalhador (Corte const. n. 359 de 2003 em tema de *mobbing*; n. 113 de 2004, em relação ao direito do trabalhador de ser designado para realizar atividades correspondentes às próprias competências e habilidades), a liberdade de consciência também em relação à experiência religiosa (Corte Const. n. 467 de 1991, n. 81 e 235, de 1993), a condição de prisioneiro (Corte const. n. 26 de 1999, n. 158 de 2001, n. 341, de 2006, n. 105 de 2001, n. 222, de 2004), àquela do estrangeiro extracomunitário (Corte Const. n. 78 de 2007).

[152] Ver, em particular, a nova Const. da Confederação Suíça de 2000 (Art. 119: a dignidade humana como fundamento da regulação federal da engenharia genética; Art. 120: a "dignidade das criaturas" como limite da engenharia genética). Mas v. o Art. 26.III Const. Portugal (garantia da "dignidade da pessoa" e da' "identidade genética" em relação à aplicação de novas tecnologias).

[153] Parar uma revisão detalhada v. F. *Sacco*, Note sulla dignità umana nel diritto costituzionale europeo, in *S.P. Panunzio* (a cura di), I diritti fondamentali e le Corti in Europa, Napoli 2005, 583 ss.

direitos foi dominado e condicionado pela centralidade do *homo oeconomicus*; e, por fim, o caso germânico, cuja revisão das concepções absolutas sobre a dignidade humana [*Menschenwürde*], radicadas nos estratos mais profundos do "patriotismo constitucional" do pós-1949 foi, e ainda é, percebida pela cultura jurídica como um trauma intelectual ou, pelo menos, como um "problema" com o qual é preciso lidar.

O tema do respeito à dignidade humana ressoou intensamente numa decisão do *Conseil d'État* francês, de 1995, no qual foi acolhido o recurso impetrado pela *Commune* de *Morsang-sur-Orge* para preservar a validade do provimento da prefeitura local que, por motivo de ordem pública, proibiu a realização, durante um espetáculo numa discoteca, de uma atração denominada de "Lançamento de anões".[154] Partindo do pressuposto de que as autoridades municipais estão investidas de poder de polícia para tomar todas as medidas idôneas aptas a "prevenir um atentado à ordem pública", o Conselho de Estado da França afirmou que o respeito à dignidade da pessoa humana é um dos componentes essenciais da ordem pública [*ordre public*]. Assim, a autoridade administrativa pode proibir um espetáculo que a viole. Em síntese, o show do "Lançamento de anões", consistente em projetar uma pessoa afetada por uma *deficiência* física, e apresentada ao público como tal, foi considerado uma violação da ordem pública por causa do objeto da atração, independentemente das particulares circunstâncias ambientais, ou seja, de haver, ou não, perigo material para a ordem pública, de haver medidas idôneas de segurança à saúde e, também, de a pessoa empregada no lançamento haver aquiescido voluntariamente ao espetáculo e ser remunerada para fazê-lo. A decisão parece relevante em, pelo menos, dois aspectos. O primeiro diz respeito à recuperação de uma noção ampla de *ordem pública*, que tem encontrado resistência na cultura jurídica

---

[154] Cfr. Conseil d'Etat, n. 136727, 27 outubro 1995, Commune de Morsang-Sur-Orge.

francesa,[155] mas que tem sido bem acolhida pela jurisprudência do Conselho de Estado [*Conseil d'État*], desde o final dos anos cinquenta, por via da qual a moralidade deve ser reconhecida como elemento componente do conceito de *ordem pública,* algo como um "mínimo ético comum" compartilhado por toda a sociedade.[156] É significativo, porém, que na decisão do caso do "Lançamento de anões" a controvérsia moral não tenha sido muito importante. O forte apelo ao valor objetivo do respeito à dignidade humana parece ter sido motivado muito mais pela referência a um patrimônio composto por valores constitucionais amplamente difundidos, um amplo circuito de comunicação cultural, como declarado pela CEDH nas suas razões preliminares e, sobretudo, pela estrutura argumentativa, que parece repercutir temas desenvolvidos num cenário mais amplo da discussão sobre a dignidade humana. Pode-se ler nessa decisão, igualmente, a adesão a uma concepção objetiva da dignidade humana, em vista da qual a "direção" impressa pela livre autodeterminação do sujeito é – e este é o segundo aspecto relevante – indiferente. Se a formulação francesa de *ordem pública* pode se identificar coerentemente com a *moralidade,* que é um juízo de valor que tem a ver com uma reação de boa impressão ou de repulsa na sociedade,[157] parece que os horizontes do *Conseil d'État* ultrapassaram um pouco os limites da cultura jurídica nacional ou, talvez, mais exatamente, que a trataram a partir de uma concepção mais ampla. Isso fica claro se compararmos essa particular decisão com o direito comunitário, para o qual a liberdade econômica deveria proteger as expectativas das pessoas que desejam auferir lucros com atividades de espetáculo. É interessante, sob essa ótica, a passagem da decisão que levanta a divergência entre a concepção objetiva da dignidade e a liberdade de auto-

---

[155] Ver, sobre isso, P. *Bernard,* La notion d'ordre public en droit administratif, Paris 1962; P. *Braud,* La notion de liberté publique en droit français, Paris 1968, 351 ss.

[156] Para esta evolução v., sinteticamente, J. *Rivero,* Les libertés publiques, I, Paris 1973, 171 s.

[157] Nesse sentido v. J. *Rivero,* op. cit., 172.

determinação do indivíduo envolvido em circunstâncias visivelmente "comunitárias". Pode-se ler na decisão que o respeito à liberdade de trabalho, de comércio e de indústria não pode ser um óbice a uma medida justificada por motivos predominantemente associados ao respeito da dignidade humana. Nessa passagem, a perspectiva da liberdade de autodeterminação e de autorrealização, no seu aspecto econômico, é claramente contraposta à dignidade da pessoa considerada na sua objetividade. A dignidade, desse modo, foi substancialmente dissociada de critérios de gradação relativos à liberdade e à responsabilidade do indivíduo envolvido.

O tema da relação entre dignidade humana e as liberdades econômicas assume, como é óbvio, destacada importância na jurisprudência da Corte de Justiça da EU,[158] mas à diferença do caso francês, o conflito entre os dois termos se desloca das situações de concreta violação da dignidade do indivíduo e se desenvolve completamente na dimensão institucional, isto é, na dimensão das liberdades econômicas – pilar da estrutura constitucional da comunidade e da União desde seus tratados fundacionais – e na dos princípios gerais do direito comunitário que, recuperando tradições constitucionais comuns absorveram, também, o valor objetivo da inviolabilidade da dignidade humana. Parece que esse é o ponto decisivo para compreender a jurisprudência da Corte de Justiça relativamente ao tema da dignidade humana, seguramente corajosa e inovadora, mas estritamente condicionada pelo significado institucional dos princípios fundamentais do ordenamento europeu, até mesmo quando esses princípios repercutem de modo marcante no campo dos direitos fundamentais (v. *infra*, capítulo V, § 3), de modo que os princípios da "constituição econômica" da União, e todos aqueles extraídos das tradições constitucionais comuns, norteiam-se, num jogo de referências e de filtros seletivos, mais por preocupações de caráter sistêmico (de harmo-

---

[158] Ver a análise crítica di F. *Politi*, Il rispetto della dignità umana nell'ordinamento europeo, in S. *Mangiameli* (a cura si), L'ordinamento europeo. I. I pricipi dell'Unione, Milano 2006, 43 ss.

nia global dos objetivos fundamentais da União, hoje não mais exclusivamente dirigidos pela dimensão do *homo oeconomicus)* do que por objetivos de proteção dos direitos individuais. Na jurisprudência da Corte de Justiça, o tema da dignidade humana, já enfrentado de modo interlocutório no caso das biotecnologias,[159] teve particular importância na sentença *Omega,* de 2004. Tratava-se de saber se era compatível com o direito comunitário e, em particular, com a liberdade de prestação de serviços, o provimento da autoridade policial de Bonn que proibiu a comercialização, por casas especializadas em entretenimento, de jogos, produzidos no Reino Unido, que simulam homicídios com o uso de equipamentos semelhantes a pistolas automáticas com pontaria a *laser.* A Corte, acolhendo a requisição do Advogado-Geral, entendeu que a ordem jurídica comunitária tende, inegavelmente, a assegurar o respeito à dignidade humana enquanto parte integrante daqueles princípios gerais que se inspiram nas tradições constitucionais comuns dos Estados-membros. Para chegar a essa conclusão – salientou a Corte – não é necessário reportar que a proteção da dignidade humana recebeu um notável reconhecimento da Constituição do Estado germânico, nem seria preciso um exame muito aprofundado para reconhecer que esse princípio foi acolhido por todos os ordenamentos constitucionais dos Estados-membros. Ocorre que, critérios avaliativos assim, tão esquemáticos,

---

[159] Cfr. Corte de Justiça CE, Sentença 9 outubro 2001, C-377/98, § 72 ss. Tratava-se de recurso proposto por alguns Estados-membros em face da diretiva 98/44/CE sobre a proteção jurídica de invenções biotecnológicas, a qual, ao declarar não patenteáveis os procedimentos de clonagem dos seres humanos e de modificação da identidade genética do ser humano, assim como a utilização do embrião para fins comerciais ou industriais, havia permitido, no entanto, a patenteabilidade de elementos isolados do corpo humano. Os Estados recorrentes contestaram esse último aspecto que, por se tratar também de um uso instrumental de material vivo, o Art. 5.2 da diretiva teria comportado uma lesão à dignidade humana. Na sentença, apesar de reconhecer que o "direito fundamental à dignidade humana e a integridade da pessoa" são princípios gerais do ordenamento comunitário, a Corte rejeitou o recurso com base no argumento de que "a proteção prevista pela diretiva alcançava apenas o *resultado* de uma atividade de trabalho inventivo, científico ou técnico, e compreende dados biológicos existentes em estado natural no ser humano só enquanto necessários para a realização e proveito de uma específica aplicação industrial".

para individuar princípios gerais do ordenamento, contrariam o método, elaborado pela própria Corte de Justiça, de comparar, seletivamente, as tradições constitucionais comuns. Método esse que tem servido para a Corte preservar margens flexíveis no ordenamento comunitário, justamente para recepcionar e proteger certos direitos que não podem ser reduzidos à dimensão econômica, e também, para garantir-lhes compatibilidade com os objetivos fundamentais dos tratados. Direitos derivados de tradições comuns são, portanto, "indicadores" claros de que a Corte utiliza critérios dúcteis. Poderia ser mencionado, a propósito, a passagem da motivação em que a Corte recorda que ela mesma não precisa dizer que a medida restritiva adotada por um Estado-membro deve corresponder a concepções compartilhadas pelo conjunto dos Estados-membros, mesmo que se tratem de motivações de ordem moral, religiosa ou cultural. É uma passagem decisiva – parece-me – para captar o significado do apelo à dignidade humana nessa jurisprudência: nota-se que é um apelo bem distante do paradigma absoluto e que, ao contrário, é todo elaborado a partir da noção de que a dignidade tem uma *proteção mais resistente* do que a liberdade econômica, eixo do sistema da União Europeia. Se for verdade – esclareceu a Corte – que o respeito aos direitos fundamentais é um interesse de importância tão elevada que até justifica restrições a vínculos de liberdade econômica decorrentes dos tratados, por outro, as medidas que os Estados adotam, e que impõem restrições a essas liberdades, fundamentam-se num juízo de proporcionalidade, destinado a verificar se as restrições são necessárias para o objetivo de proteger o interesse considerado prioritário (a proteção da dignidade humana), e se o objetivo não pode ser realizado com medidas menos restritivas.[160] A sentença *Omega* revela, em conclusão, elementos contrastantes: por um lado, a configuração da proteção da dignidade humana como um direito fundamental que, enquanto tal, não se reduz a um juízo de coexistência e de harmonização com outros

---

[160] Cfr. Corte de Justiça CE, sentença 14 outubro 2004, C-36/02, *Omega Spielhallen*, § 33 ss.

direitos em conflito com ela; por outro, a mudança do discurso argumentativo da Corte no campo sistêmico: o conflito entre "direitos" é resolvido por via da acomodação das relações entre os princípios fundamentais da estrutura e da identidade constitucional europeia, de tal modo que se pode ver uma ampliação progressiva de conteúdos, se compararmos essa decisão com os textos originários dos tratados institutivos.

No panorama da jurisprudência do Tribunal Constitucional Federal [*Bundesverfassungsgericht*], merecem ser mencionadas três decisões recentes. A primeira diz respeito à relação entre a dignidade humana e o direito à intimidade ou, como disse o Tribunal germânico no caso da "Grande Operação de Escuta" ou "de Espionagem" [*Großer Lauschangriff-Urteil*], o direito "de ser deixado em paz" [*In Ruhe gelassen zu werden*]; o segundo, diz respeito à relação entre o direito à vida e à segurança no caso da "Lei sobre a Segurança Aérea" [*Luftsicherungsgesetz-Urteil*]; o terceiro, tem a ver com o princípio do estado social, no caso do *Ato Hartz IV e o Estado Social da Alemanha*.[161] Pronunciadas entre 2004 e 2010, essas decisões parecem importantes sob dois aspectos: porque contribuem para examinar detidamente a riqueza das potencialidades aplicáveis ao princípio da inviolabilidade da dignidade humana, e porque todas enfrentam, por ângulos diferentes, a *vexata quaestio* da relação entre proteção absoluta e proteção diferenciada segundo a natureza das situações concretas.

No caso da "Grande Operação de Escuta" ou "de Espionagem" [*Großer Lauschangriff-Urtiel*] de 2004, o Tribunal foi chamado a se pronunciar sobre a constitucionalidade, em face da dignidade da pessoa humana [*Menschenwürdegarantie*] prevista no Art. 1 GG, de uma lei de revisão constitucional que alteraria o Art. 13 *Abs*. III/VI GG que, como medida para enfrentar a criminalidade organizada, admitiu o emprego de instrumentos de monitoramento

---

[161] Para um exame pontual dessa jurisprudência, com referências aos numerosos comentários dela, remeto a tratamentos de caráter geral: v. B. Pieroth-B. Schlink, Grundrechte. Staatsrecht II, München 2010, Rn. 349 ss.; L. Michael-M. Morlok, Grundrechte, II ediz., Baden-Baden 2010, Rn. 144 ss.

acústico em residências e em outros lugares de habitação privada [*Akustische Überwachung von Wohnraum*]. A justificativa da medida era a necessidade de reagir contra atos de particular gravidade perpetrados pelo crime organizado e, também, de observar certas disposições da emenda constitucional [*Verfassungsänderung*] de 1998. Na decisão, o Tribunal reafirmou o nível preferencial da garantia da dignidade humana, o que significava que essa norma estende seus efeitos não apenas a todas as normas da Lei Fundamental e a Revisões desta mas, também, que a dignidade é uma limitação geral a medidas de monitoramento acústico, ou seja, que é uma norma que impõe uma interpretação restritiva à nova versão [*Neue Fassung*] do Art. 13 GG. O Tribunal disse que a inviolabilidade de domicílio decorre da inviolabilidade da dignidade humana, já que este conceito compreende o respeito a uma esfera espacial "personalíssima" destinada a garantir comunicações privadas confidenciais plenamente confiáveis, ou seja, a garantir uma esfera na qual os indivíduos não se sintam expostos a riscos de intromissão no núcleo duro de seu poder de conformar livremente a própria vida privada. Em relação a esse núcleo inviolável não caberia falar em ponderação entre a inviolabilidade do domicílio e as exigências do processo penal, ainda que guiada pelo princípio da proporcionalidade, por ser uma esfera da liberdade que protege o desenvolvimento de um núcleo personalíssimo da vida. Essas passagens deixam ver, imediatamente, as afinidades da decisão do Tribunal com as controvérsias do debate sobre a dignidade humana [*Menschenwürde*]: a Corte concebe de modo estreitíssimo, eu diria coessencial, a relação entre a dignidade humana e a liberdade de um núcleo "particularíssimo" da personalidade; e, ainda, a Corte reafirmou que esse núcleo estranha, e portanto, não se submete a ponderações. Essa premissa, todavia, não exclui a necessidade de se distinguir a proteção à dignidade humana em situações concretas, pois, segundo o Tribunal, nem toda medida de monitoramento acústico representa uma violação à dignidade humana. Todavia, nos casos concretos, o controle da legitimidade de tais intervenções deve ser tanto mais rigoroso quanto mais sério for o risco de se atingir o núcleo duro da comunicação "personalíssima". E para avaliar a legitimidade das medidas concretas é necessário, então, que se estabeleça um "ponto de apoio" seguro. Este deve ser aplicado quando a natureza confidencial das comunicações, objeto de investigação, decorre do caráter dos confidentes – familiares ou sujeitos que mantêm relações estritamente fiduciárias com o indiciado (como médicos, religiosos, advogados, etc.) – e, também, quando há indícios de que o conteúdo desses colóquios (na medida em que apontam para alguma participação dos interlocutores no fato criminoso) reduzem a pretensão a uma proteção absoluta. É significativo que esse tipo de abordagem, que conjuga as teses da proteção absoluta da dignidade humana e também sua relativização na avaliação de medidas concretas de intervenção, tenha levado o Tribunal a rejeitar o pedido de declaração de inconstitucionalidade da revisão constitucional de 1998. Prevaleceu o entendimento de que a Lei de Revisão não era, de *per si*, suficiente para concretizar uma violação à dignidade humana. Neste caso Tribunal também acolheu, em parte, as censuras relacionadas à disciplina da atuação concreta do Estado.[162]

A segunda decisão é a do caso da "Lei sobre a Segurança Aérea" [*Luftsicherungsgesetz-Urteil*], de 2006. Nesta o Tribunal Constitucional parece mover-se numa linha de entendimento mais afeita às concepções absolutas. No centro da declaração parcial de inconstitucionalidade do Art. 14 da lei federal sobre Segurança Aérea – lei que, depois dos atentados de 11 de setembro, autorizava as forças armadas a abater aviões que uma ação terrorista estivesse controlando com objetivos de destruir alvos na terra – está, na realidade, subentendida a tradicional *fórmula do objeto* [*Objektformel*]. Como o núcleo básico do significado da dignidade da pessoa humana [*Menschenwürdegarantie*] impõe, de modo absoluto, o dever de não reduzir o ser

---

[162] Para as passagens de *Großer Lauschangriff-Urteil* que sintetizei v. BVerfGE 109, 279.

humano a objeto e a instrumento de ação do Estado, ficaria excluída a possibilidade de passageiros e tripulação de uma aeronave serem sacrificados a fim de salvar vidas humanas na terra. No contexto completo da fundamentação, portanto, é a *fórmula do objeto* [*Objektformel*] que impôs, em linha de princípio, uma tarefa absoluta – e, por extensão, não diferençável pelo confronto de situações concretas – e afastou a via do balanceamento entre o direito à vida das pessoas a bordo da aeronave e o das pessoas na terra. A partir dessas premissas, entretanto, o Tribunal elaborou uma decisão de complexo teor. Evitando um percurso argumentativo exclusivamente atrelado ao Art. *2 Abs.* II *GG* (direito à vida e à integridade física), a Corte elegeu um caminho diverso, o qual pressupõe que o devido respeito à dignidade humana, e à "igual dignidade" de todos, não admite exceções, como a que seria justificável a partir de objetivos prioritários de segurança ou de argumentos quantitativos (o maior número de vítimas na terra em face da quantidade de passageiros e tripulação da aeronave): autorizar a execução destes últimos caracterizaria uma negação do valor irrenunciável que cada ser humano tem, fundada em mera autorização legislativa, a qual teria como consequência a execução premeditada de pessoas inocentes que, além do mais, se encontrariam numa condição de submissão e privadas de qualquer ajuda. Por detrás do apelo à *fórmula do objeto* [*Objekformel*] há o significado profundo da dignidade humana, que consiste no fato de que nenhum indivíduo pode ser reduzido a coisa [*Verdinglicht*] e despojado da mais elementar proteção do direito [*Entrechtlicht*]. A sentença, por essa via, confere especial ênfase ao nexo entre dignidade e autodeterminação. E isso tem a ver com dois planos diferentes: um é o de excluir o sacrifício de passageiros e tripulação, não somente quando estes são tratados como mero objeto de uma ação para o salvamento de outros indivíduos mas, também, quando são vítimas inconscientes e passivas de uma ação terrorista e, nessa medida, estão privados do direito de decidir livremente sobre seus próprios destinos; o outro, é o de autorizar, ao contrário, o abatimento de aeronaves ocupadas exclusivamente por terroristas. Tendo deliberadamente escolhido o significado do próprio ato, os terroristas teriam exercido, ainda que com propósitos criminosos, a própria liberdade de autodeterminação e, desse modo, teriam conferido "dignidade" ao próprio sacrifício de suas vidas. Na verdade, acrescenta o Tribunal, é próprio do agir em "condição de sujeito" uma tal escolha feita por terroristas a bordo de uma aeronave pois, nessa posição, eles podem avaliar e se responsabilizar pelas consequências de um comportamento voluntário. Está aqui o segundo aspecto da novidade da sentença, e talvez seja o que mais claramente evidencia a revisão jurisprudencial da concepção absoluta da dignidade humana [*Menschenwürde*]. O "princípio responsabilidade" faz prevalecer o objetivo de o Estado salvar as vidas humanas e pode justificar, por outro lado, a incisão máxima do direito à vida de culpados. A ênfase que essa passagem da motivação da sentença dá ao princípio da proporcionalidade, o qual imporia a apreciação de diferentes situações em uma escala graduável de disponibilidade, parece substancialmente alinhada com as já ilustradas tentativas teóricas de conjugar a dimensão absoluta da proteção à dignidade com a proteção diferenciada em situações concretas. Na realidade, o aspecto da responsabilidade aparece aqui como um elemento do conteúdo irredutível da dignidade humana que é formado, assim, tanto pelo valor intrínseco [*Eigenwert*] de cada ser humano, quanto pelo "princípio liberdade" e pelo "princípio responsabilidade": três aspectos inseparáveis. Desse modo, a avaliação da intensidade de cada um só poderia ser realizada no âmbito de situações concretas.[163]

A última sentença do Tribunal Constitucional Federal [*Bundesverfassungsgericht*] que analisarei, é a do caso do *"Ato Hartz IV e o Estado Social da Alemanha"* [*Hartz IV Gesetz-Urteil*], de 2010. Nessa decisão a divergência entre as potencialidades do princípio da dignidade humana e a necessidade de diferençar a intensidade de proteção é

---

[163] Para as passagens dessa sentença, ver BVerfGE 115, 118.

algo ainda mais evidente. O Tribunal, nesse caso, foi provocado a se pronunciar sobre a constitucionalidade de alterações no Código de Direito Social [*Sozialgesetzbuch*]. Tais alterações introduziram um sistema unificado de pagamentos de benefícios sociais para garantir o sustento de trabalhadores em situação de necessidade e hipossuficiência econômica, bem como de seus familiares. O Tribunal considerou, em sua decisão, que o novo sistema não atendia plenamente a "pretensão constitucional [*Verfassungsrechtlicher Anspruch*]" de garantir um mínimo existencial condizente com a dignidade da pessoa humana [*Menschenwürdig*], segundo o que dispõem os Arts. 1 e 20 GG. De acordo com a Corte, o núcleo irredutível da garantia da dignidade humana, base de todos os direitos fundamentais, é, como tal, inidôneo para entrar em relação com outros princípios constitucionais subordinados. Contudo, nesse caso concreto o núcleo da dignidade teria sido decisivamente afetado. É que do Art. 1 *Abs.* I GG decorre um direito fundamental: a garantia de um *standard* mínimo de condições de vida. Todavia, assim que esse direito ao mínimo existencial é posto em conexão com o princípio do estado social (Art. 20 GG) o resultado é a inclusão desse direito no jogo das compatibilidades que envolvem os juízos discricionários do legislador e também as limitações e exigências de finanças públicas. De fato, o referido direito exprime, por um lado, as potencialidades da dignidade humana visto que assegura, a cada sujeito em situação de necessidade, as condições materiais imprescindíveis para sua existência física e para que tenha uma participação mínima na vida social, cultural e política. É um direito fundamental, então, que opera "junto" do valor absoluto (objetivo) da dignidade da pessoa humana [*Menschenwürdegarantie*], mas que assume sua forma própria (subjetiva) em relação ao respeito devido à dignidade de cada indivíduo. E, de outro lado, é um direito indisponível que requer o quadro do princípio do estado social para ser colocado em prática, o que significa que necessita de um trabalho de concretização e de atualização permanente por parte do legislador, a quem compete ajustar as prestações que cobrirão as situações contingentes da comunidade e, também, as concretas condições de vida. Nesse campo, de fato – salienta o Tribunal – reconhecer uma "margem de apreciação" para o legislador é imprescindível. E isso porque que as normas constitucionais não estão em posição de oferecer indicações diretas sobre situações de necessidade e meios adequados de enfrentá-las. Isso não quer dizer que a discricionariedade do legislador não esteja sujeita ao controle de constitucionalidade – que existe justamente para assegurar que, na concretização do direito ao mínimo existencial, o legislador apreciará, de modo consequente, transparente e adequado à realidade, todas as necessidades da existência. Não obstante a importante afirmação da existência de um vínculo indissociável entre a dignidade humana e o estado social, que deixa entrever as ricas potencialidades do Art. 1 *GG* – e mesmo que o controle de constitucionalidade tenha se resumido, nesse caso específico, a uma pontual avaliação de situações diferenciadas de hipossuficiência – o caso do Ato Hartz IV [*Hartz IV Gesetz-Urteil*] representa, a bem ver, a virada mais radical na jurisprudência do Tribunal Constitucional Federal [*Bundesverfassungsgericht*] nessa matéria. Essa decisão colocou a inviolabilidade da dignidade humana, ao menos em seu significado fundamental de pretensão subjetiva, no complexo jogo de equilíbrio entre discricionariedade do legislador e controle de constitucionalidade. Em matérias como essa, porém, o controle de constitucionalidade deve se orientar – segundo o Tribunal – por um critério de autocontenção [*self-restraint*]. É que a norma constitucional não fornece uma exata quantificação da pretensão subjetiva ao mínimo existencial. Assim, em casos como esse, o controle de constitucionalidade deve se circunscrever à avaliação dos métodos empregados para "*medir*" o mínimo existencial [*Existenzminimum*] e, quanto ao aspecto material, garantir que as prestações do Estado não sejam ostensivamente insuficientes.[164]

---

[164] Cfr. BVerfG, *Hartz IV-Gesetz*, 9 fev 2010, 1 BvL 1/09, 1 BvL 3/09, 1 BvL 4/09.

8. O direito de sermos nós mesmos

O tema da dignidade humana é um ponto privilegiado de observação para indagar em que medida a ética é um desafio permanente para juristas. Esse tema obrigou, e continua a obrigar, os juristas a se envolverem com a história, a filosofia, a teologia, a antropologia cultural e, também, a se afastarem de abordagens autorreferenciadas que, nesse tema, servem apenas para dar corpo a um sentimento de impotência de seu próprio papel e de perda de identidade científica. As reflexões sobre a imagem do ser humano, que têm sofrido uma secular caracterização ética e teológica, exige um repensar à luz de novas perspectivas investigativas, mais abertas à fenomenologia, às ciências humanas, à biologia, assim como às novas diretrizes da reflexão ética, desde o existencialismo, o utilitarismo, o neocontratualismo até a filosofia da linguagem.[165] Um exame aprofundado de todo esse articulado laboratório de pensamento e de pesquisa, que gravita por quase um século em torno do estudo do ser humano é, evidentemente, algo que transcende a capacidade de quem escreve. Mas nessa discussão é necessário, não obstante, traçar ao menos algumas linhas que possam, quiçá, guiar o jurista no repensar das concepções absolutas sobre a dignidade humana, muito presentes no percurso filosófico que, desde a antiguidade, evoluiu para os limiares da modernidade e, a seguir, para uma descoberta de novos aspectos das relações entre dignidade e liberdade. O ponto de partida há de ser,

---

[165] Pode-se ler um inventário riquíssimo nos ensaios organizados por C.A. *Viano*, Teorie etiche contemporanee, Torino 2002.

então, a demonstração, elaborada pelo pensamento filosófico e científico contemporâneo, de que o mundo humano revela-se como "algo substancialmente novo em relação aos seus fundamentos físicos, químicos e biológicos"; e que o nosso ser aporta ao mundo um *novum*, característica essencial que "nos distingue como *persone*, seres novos, ontologicamente não redutíveis à nossa identidade biológica".[166] A novidade irrepetível de cada ser humano deriva da igualmente irrepetível articulação de atos, de comportamentos e de relações; por elas se forma uma identidade pessoal, uma vida pessoal, inédita em relação a cada outro, que emerge da realidade natural e social. Essa novidade, que caracteriza a pessoa na sua relação com o mundo, não apenas conflita com a ideia segundo a qual "do ponto de vista ontológico não há nada de novo sob o sol", mas se fundamenta em reflexões mais profundas, na medida em que se sabe que "o nível de realidade que já adicionamos ao ecossistema natural – a civilidade, as obras, a história – não existiria se não houvesse a novidade que cada um representa".[167] A construção de um nexo inseparável entre dignidade humana e liberdade nasce, bem observado, dessas bases; que, aliás, não excluem do discurso sobre a dignidade aquela dimensão da posição do ser humano no universo. Antes oferece uma direção e um sentido para explorar o problema da liberdade. A nossa capacidade de "transformar a contingência das circunstâncias – o lugar e o tempo no qual nascemos, os encontros que tivemos – o mal e o bem que vivemos", tudo isso se vincula a essa dimensão; e é justo essa capacidade "que nos faz únicos, porque a *cada dia somos novos*", e essa capacidade nos mantêm, "em certa medida, sempre um *livre* ser e fazer".[168] Cada ser humano experimenta essa liberdade diariamente, porque "a experiência da liberdade é a experiência que as pessoas fazem dos outros e de si mesmos", ou seja, é "a experiên-

---

[166] Ver, sobretudo, R. De Monticelli, La novità di ognuno. Persona e libertà, Milano 2010, 15 ss., uma obra que representou para mim um guia importante no percurso da reflexão sobre esse tema.
[167] Cfr. R. De Monticelli, op. cit., 17 ss.
[168] Cfr. R. De Monticelli, op. cit., 19.

cia que as pessoas fazem de *serem pessoas* e de *serem certas pessoas*".[169] É dessa experiência de liberdade que, definitivamente, é tecida a dignidade que exprime a posição de cada ser humano no mundo.

Uma vez esclarecido o significado imprescindível do nexo entre dignidade humana e liberdade de autodeterminação é preciso, agora, apontar algumas consequências que parecem centrais para a reconstrução da dignidade como "princípio constitucional", ou seja, como elemento fundamental para a convivência numa comunidade política. É preciso, na realidade, perguntar se o nexo entre a dignidade humana e o "princípio liberdade", coessencial à inspiração de fundo do estado constitucional democrático e plural, não exigiria uma mudança na perspectiva usual, ou seja, na que adota uma imagem intangível do humano, esculpida em objetividade, concebida como algo mais elevado do que as existências concretas e individualizadas e, que reconhece pretensões e direitos a partir dessa imagem. É preciso avaliar se não deveríamos, pelo contrário, admitir que a dignidade humana privilegia, sobretudo, aquele caráter único e irrepetível de cada ser humano, "enigma" extraordinário que "faz com que cada ser humano seja único no mundo"[170] e, assim, se não deveríamos admitir que estender esse significado particularizado para defender a espécie humana contra sua redução à condição de objeto – seja pela aniquilação ou pelo extermínio – é uma decorrência de um núcleo estritamente conectado à defesa de cada ser humano individual e ao seu direito de formar sua própria personalidade, de "conquistar" sua própria liberdade, seja por via de um processo de autodeterminação, seja pelo dever de "reconhecimento recíproco" daquele referido núcleo originário e irredutível. Chega-se, com isso, a uma questão decisiva: se partimos da premissa de que a dignidade é coessencial ao caráter próprio, único e irrepetível de cada ser humano, então a ênfase predominante de sua dimensão institucional sobre

---

[169] Cfr. R. *De Monticelli*, op. cit., 35.
[170] Assim, T. *De Coninck*, De la dignité humaine, Paris 1995, 19.

a individual – isto é, a caracterização da dimensão individual da dignidade humana como mera derivação das instituições – é um modo de expô-la a toda a sua problematicidade. Esse risco é reconhecido pela jurisprudência da Corte europeia dos direitos humanos, que transita, nessa matéria, a partir de um quadro normativo cujas referências à dignidade estão textualmente estabelecidas. Contudo, a partir de interpretações sistemáticas, a Corte adotou um rico leque de disposições convencionais[171] que protegem, prioritariamente, a dimensão individual (o direito à vida,[172] o direito à liberdade e à segurança,[173] o direito ao respeito da esfera privada,[174] etc.), sem negligenciar, porém, preceitos de proteção objetiva da espécie humana contra medidas de aniquilação física ou moral (proibição da pena de morte,[175] proibição da tortura,[176] da escravidão e do trabalho forçado[177]). Contra o preconceito, ainda bastante difuso, de que o nexo entre a dignidade humana, o

---

[171] Sobre essa jurisprudência há uma aguda apreciação crítica em F. Politi, op. cit., 68 ss.

[172] Cfr. Art. 2. ver, entre outros, Corte Europeia dos Direitos Humanos, 7 julho 1989, Soering v. Reino Unido (em tema de extradição em países onde é prevista a pena de morte); 17 dezembro 1996, Ahmed v. Austria (sobre o direito de asilo de refugiados em uma guerra civil); 9 julho 1998, McGilley e Egan v. Reino Unido (sobre o direito a um meio-ambiente saudável); 29 abril 2002, Pretty v. Reino Unido (sobre a eutanásia).

[173] Cfr. Art. 5. Sobre o caráter da norma que configuraria um direito fundamental à virtualidade múltipla, v. Corte Europea dos Direitos Humanos, 24 outubro 1979, Witerwerp v. Paesi Bassi; 18 dezembro 1986, Bozano v. França; 25 junho 1996, Amuur v. França; 20 março 1997, Loukanov v. Bulgária.

[174] Cfr. Art. 8. Também essa norma desenvolveu, nas suas aplicações jurisprudenciais, potencialidades muito amplas: ver, para pontuais referências, V. Zeno Zencovich, Art. 8, in S. Bartole-B. Conforti-G. Raimondi, Comentário à Convenção Europeia dos Direitos Humanos e das Liberdades Fundamentais, Padova 2000, 307 ss.

[175] Cfr. o Protocolo n. 6 de 1983. Sobre as várias possibilidades de sua aplicação v. Corte Europea dos Direitos Humanos, 27 setembro 1995, McCann e altri v. Reino Unido; 9 outubro 1997, Andronicou e Constantinou v. Cipre; 28 julho 1998, Ervi v. Turquia; 20 maio 1999, Ogur v. Turquia.

[176] Cfr. Art. 3. v. sobretudo, além da sentença Soering cit. supra, nota 167, Corte Europea dos Direitos Humanos, 18 junho 1978, Irlanda v. Reino Unido; 25 abril 1978, Tyrer v. Reino Unido; 27 agosto 1992, Tomasi v. França; 25 março 1993, Costello-Roberts v. Reino Unido; 4 dezembro 1995, Ribitsch v. Austria.

[177] Cfr. Art. 4. Sobre a relação entre dignidade humana e proibição da escravidão v. Corte Europea dos Direitos Humanos, Selmouni v. França.

"princípio liberdade" e os direitos individuais seria uma interpretação que empobrece o elevado conteúdo ético da dignidade, ou que enfraquece sua força normativa em face de outros princípios constitucionais, estou convencido, ao contrário, de que esse nexo exprime um significado, a uma só vez profundo e irrenunciável, desse princípio no contexto da cultura constitucional europeia. Na verdade, uma reconstrução da dignidade humana que privilegiasse o significado objetivo em vez da dimensão individual, e que assumisse como ponto de partida os objetivos universais ou, até mesmo, certos prognósticos em relação às gerações futuras, poderia – em vez de reforçar a intensidade da proteção à dignidade – abrir espaço, paradoxalmente, para "perversas reduções do indivíduo a um grupo, a uma categoria, ou a um só caráter"[178] e, assim, sujeitar a dignidade humana ao nefasto "canto da sereia" da defesa da sociedade, o qual, aliás, como ensina a história, produziu também a justificação do "direito à vingança, ao custo de inúmeras vidas inocentes"; também gerou atentados à liberdade individual e à dignidade humana, simbolizados em palavras de ordem ("menos liberdade, tolerância zero, choque de civilizações"), e expressões que "têm envenenado a convivência civil com sentimentos de suspeição e ódio".[179] Em síntese, não penso que no estado constitucional democrático e plural seja coerente apresentar a dignidade humana como um baluarte ético que colide com o "princípio liberdade", sobretudo quando se reconhece que nesse tipo de experiência constitucional o "princípio liberdade" não se identifica com o "individualismo possessivo", inclusive no âmbito econômico, pois o "princípio liberdade" está inserido num quadro de compatibilidades que reforça elementos de responsabilidade e de reconhecimento recíproco.

Compreende-se, agora, por que é que no estado constitucional democrático e plural, e a partir das premissas

---

[178] Assim, eficazmente, T. *De Coninck*, op. cit., 6.

[179] Ler, sobre isso, as páginas magistrais de A. *Prosperi*, Cause perse. Un diario civile, Torino 2010, 18 ss., e 21 para referências.

aqui elaboradas, convergem os itinerários do princípio da dignidade humana e do princípio da laicidade. É mérito de Piero Belline ter proposto, recentemente, uma concepção de dignidade humana que, se por um lado é indissoluvelmente conexa com o princípio da laicidade, por outro sustenta a formulação teórica do "direito de cada um ser ele(a) mesmo(a)". É justamente o princípio da laicidade, em seu significado de princípio de uma convivência aberta e fundada na "centralidade das pessoas", e também na "centralidade das consciências", que admite "gradações" das normas de proteção a "eventos humanos de variada *delicadeza existencial* e de múltipla exposição a riscos".[180] O vínculo radical da dignidade à absoluta irrepetibilidade de cada ser humano, consistente na "liberdade de expressar a própria eticidade" – a qual "não é simplesmente *fruída*, mas também *cumprida*" – aponta para o "postulado humanista primário, indissociável da ideia de laicidade", que é o "respeito pela liberdade do outro e pela sua dignidade pessoal".[181] O nexo entre a dignidade humana e o "princípio liberdade" não se vincula, portanto, a um individualismo autorreferenciado e solipsista, mas a uma "relacionalidade comunitária", a qual se alimenta da "aspiração de que cada um seja ele(a) próprio(a), e de que o seja em *relação a si e em relação aos outros*".[182] De acordo com essas sugestões, então, podemos dizer que o significado constitucional da dignidade humana se conecta intimamente com um "pluralismo competitivo e construtivo aberto a comparações críticas". Isso significa que diferentes concepções éticas e religiosas de ser humano, diferenças de imagem e de dignidade, não podem reivindicar o privilégio de serem absolutas e exclusivas, mas devem procurar uma acomodação em meio ao pluralismo que permita sua conservação e continuidade e, ao mesmo tempo, reconheça em cada outro indivíduo esse mesmo direito. Somente por essa via, de fato, uma comunidade pode se dizer regi-

---

[180] Cfr. P. *Bellini*, Il diritto di essere se stessi. Discorrendo dell'idea di laicità, Torino 2007, 20 s.
[181] Ainda P. *Bellini*, op. cit., 60 ss., e, sobre o nexo liberdade-dignidade, p. 117
[182] Cfr. P. *Bellini*, op. cit., 211 ss.

da por um "direito de todos", que reconhece "a cada ser humano o direito pleno e firme de homenagear, *secundum suam conscientiam*, todas aquelas convicções que reconhece como suas, traduzindo-as em correspondentes ações práticas".[183] E, de fato, longe de opor um relativismo radical às densas concepções éticas expressas no secular debate filosófico e jurídico sobre a dignidade humana, um sistema laico sempre manifesta um "forte compromisso humano" e ético, na medida em que "concebe o ser humano como um ser maduro, capaz de ser responsável perante si mesmo, e a ninguém mais do que a si mesmo, quanto ao modo de entender e de lidar com o patrimônio de espiritualidade que anuncia ser pessoalmente portador e pessoalmente responsável".[184]

Ao final do percurso desta reflexão sobre a dignidade humana na tradição constitucional europeia, parece que há uma importante aporia recorrente nas posições frequentemente dominantes. Trata-se de postular a natureza absoluta de um conceito que parece ser, ao invés, essencialmente relacional. É que a dignidade é um conceito que remete a comparações que ultrapassam individualidades singulares mas que, por vezes, tem sido particularizado, seja na natureza, num universo transcendente, na história, na cultura de um povo ou numa comunidade política organizada. Isso faz pensar em *Guerra e Paz* e na extensa galeria de personagens com que Tolstoi povoou sua obra-prima: nessa obra, num cenário de grandes conturbações da história europeia, a ação de soberanos, homens de Estado, generais e exércitos se entrelaça num cenário de vicissitudes humanas, amores, paixões, inquietudes, conflitos familiares, geracionais e sociais. No epílogo do romance, o autor se interroga sobre quem move os fios da história da humanidade, e sobre qual seria, para além das aparências, o papel desempenhado pela sucessão de tantos homens singulares. "Talvez sejam misteriosos", de fato, os elementos que movem a humanidade, mas são eficazes; pois, em-

---
[183] Cfr. P. Bellini, op. cit., 221.
[184] Cfr. P. Bellini, op. cit., 239.

bora "a superfície do mar da história" pareça imóvel, a humanidade "se move ininterruptamente, à semelhança do tempo". No fluir desses eventos, cuja "imensidão" não pode ser plenamente controlada pelos indivíduos, ganha corpo, frequentemente, a tensão entre cada pessoa "que porta em si mesma seus próprios fins, e que os porta em si para servir a fins gerais incompreensíveis ao ser humano". E então colidem, no romance de Tolstoi, "os fins dos personagens históricos e os do povo" com o saber humano que tenta se elevar e descobrir os propósitos da humanidade. E tudo isso numa dialética que não vê individualidades sucumbirem, porque "descrever a vida, não tanto da espécie humana, mas de um só povo, parece ser algo impossível", como também parece impossível responder à questão sobre "qual é a força que tem obrigado esses homens a agirem desse modo". Tolstoi conclui que os grandes personagens não sintetizam "a história da vida dos povos", pois o que "movimenta os povos não pode ser produzido pelo poder, nem pela ação intelectual e nem, também, pela união dessas duas coisas: o que movimenta os povos é a atividade de *todos* os homens". É a isso que Tolstoi atribui o sentido mais profundo das relações do "ser humano com as leis da história", a qual não é "uma série de casos desconexos", mas uma dialética entre liberdade e condicionamentos do mundo exterior. E, nessa história, a liberdade de cada ser humano ocupa um lugar central, porque, sem a representação da sua liberdade, o ser humano "não somente não compreenderia a vida, mas não poderia viver um instante sequer". E, realmente,

> não poderia viver porque todas as aspirações do ser humano, todos os seus desejos na vida não passam de aspirações por mais liberdade. A riqueza e a pobreza – diz Tolstoi –, a glória e a obscuridade, o poder e a dependência, a força e a debilidade, a saúde e a doença, a cultura e a ignorância, o trabalho e o ócio, a saciedade e a fome, a virtude e o vício nada mais são do que graus, maiores ou menores, de liberdade. Representar um ser humano privado de liberdade não é possível, salvo se for possível representá-lo como um ser privado de vida.

Desenvolvendo as sugestões profundíssimas do epílogo de Tolstoi, a dignidade humana colocada na cena do devir histórico parece, realmente, inseparável do enredo inesgotável dos tantos projetos de vida, do curso em cuja extremidade se pode entrever, por um lado, as grandes "linhas de movimento da vontade humana", governadas por leis "que se escondem no desconhecido"; e, por outro, o movimento no espaço, no tempo e na relação causal – da "consciência da liberdade dos homens no presente".[185] Quem se indagar sobre o significado da dignidade humana em meio aos princípios basilares ("constitucionais") da convivência de uma comunidade política, não poderá deixar de se colocar numa perspectiva mundana e secular – mas nem por isso menos ambiciosa – do *hic et nunc*[186] da liberdade do ser humano na dimensão da concretude histórica. Num comentário penetrante à obra-prima de Tolstoi, Leone Ginzburg observa que, na obra, "é fundamental a diferença entre personagens históricos e personagens humanos". Estes últimos "amam, sofrem, erram, mudam de ideias, ou seja, numa palavra: vivem. Os outros, esses são condenados a recitar uma parte que não foi escrita por eles, mesmo que todos imaginem que estão improvisando". Quanto às repercussões de todos esses eventos e agitações coletivas radicais para a vida privada "não são de diminuição de sua importância, mas de encontro com a única atividade espontânea e criativa: a que cada um realiza *estando em seu próprio lugar*, sem negligenciar – no que for possível – o cumprimento com seu dever". É isso que, no "mundo humano, interessa e atrai particularmente a Tolstoi, sobretudo porque ele está convencido de que cada ser humano – de ontem, de hoje e de amanhã – *vale* um outro ser humano".[187] O nosso percurso poderia, talvez, terminar por aqui. Que coisa é, afinal, a dignidade humana se não o lugar que a cada ser humano livre cabe ocupar na sua irrepetível diversidade? É a possibilidade de reali-

---

[185] As citações reportadas no texto podem ser lidas em *L. Tolstoj*, Guerra e pace (1869), ediz. ital. a cura di P.C. Bori, Torino 1990, 1321 ss.
[186] Do aqui e agora (n.t)
[187] Cfr. *L. Ginzburg*, prefácio de *L. Tolstoj*, op. cit., VII s.

zar o próprio projeto de vida, que a comunidade política deve proteger, pois na vida está o núcleo originário de *sua* liberdade.

Impressão:
Evangraf
Rua Waldomiro Schapke, 77 - POA/RS
Fone: (51) 3336.2466 - (51) 3336.0422
E-mail: evangraf.adm@terra.com.br